# 결혼, 패러다임을 바꿔라

### 결혼의 길을 묻는 청년들에게

# 결혼,
# 패러다임을
# 바꿔라

결혼의 길을 묻는 청년들에게

조병찬 지음

국민일보

# 추천사

좋은 책 한 권을 만나는 것은 훌륭한 스승을 만나는 것과 같아서 한 사람의 인생을 좌우하기도 합니다. 그런 의미에서 조병찬 장로님의 신간 〔결혼, 패러다임을 바꿔라〕는 결혼을 앞두고 있는 독자들에게 특별한 경험을 선물해 주리라 생각합니다. 책을 읽는 동안 인생과 결혼이 과연 어떤 의미를 지니는지, 우리 인간이 왜 결혼해야 하는지에 대한 분명한 이유를 발견하게 되고 자신의 미래를 거울을 통해 보는 듯한 체험을 하게 될 것이기 때문입니다. 또한 어떤 사람을 배우자로 만나야 행복한 가정을 꾸릴 수 있는지, 언제, 어떻게 만나야 하는지를 마치 지도를 그리듯이 자세히 보여주고 있어서 책을 읽는 내내 결혼 지도와 같은 파노라마를 마주하게 될 것입니다.

현재 우리나라는 출산율이 0.81명밖에 되지 않을 정도로 극심한 저출산 시대를 맞이하고 있습니다. 2000년 이후 2021년까지 학령인구가 35만 명이나 감소해 수많은 대학이 입학 정원 감축으로 어려움을 겪고 있고, 생산연령인구의 감소로 경제성장이 정체될 것을 염려하기도 합니다. 이 같은 위기의 때에 결혼과 육아에 대해 고민하는 청년들에게 본 책은 인생의 교과서라고 해도 좋을 만큼 유익한 내용들로 가득 차 있습니다. 많은 청년들이 이 책을 통해 결혼에 대해 긍정적인 마음을 갖고 하나님 안에서 믿음의 가정을 꾸려나가기를 소망합니다.

여의도순복음교회 이영훈 목사

저자 조병찬 대표는 결혼 전문가로서 헤아릴 수 없을 만큼 많은 사람과 만나면서 아름다운 가정을 만들어 주는 최고의 경영자다. CTS 기독교TV <내가 매일 기쁘게>, <아주 특별한 찬양>에 출연하여 감동적인 이야깃거리로 시청자들에게 알려졌는데 방송에서 듣지 못한 보석 같은 이야기들을 책을 통해 만날 수 있다니 매우 반갑고 고무적이다.

책을 읽기 시작하면서 다양한 이야기를 통해 느끼게 되는 것은 수년간의 노하우가 한 권에 담겨 있다는 점이다. 결혼 이야기를 매우 현실적이면서도 예리하게 다루고 있어서 최근 유행어로 표현하자면 소위 '팩트 폭격'을 통해 결혼을 앞둔 청년들에게 충실한 교과서 역할을 해주고 있는 것이다. 결혼을 망설이거나 포기한 독자들도 이 책을 읽게 된다면 색다른 도전의 기회가 제공될 것이다.

예로부터 고기를 주기보다, 고기 잡는 법을 가르쳐 주라는 말이 있는데 이 책 안에는 결혼 상대를 만나는 과정부터 결혼에 성공하는 시점까지 결혼 완결판과 같은 내용이 함께 담겨 있다.

특별히, 저출생 극복이 국가적 최우선 과제인 현시점에서, 결혼은 저출생 극복의 첫걸음임을 생각할 때, 최고의 웨딩 Match-maker가 보유하고 있는 경험의 가치는 굳이 더 언급할 필요를 느끼지 못한다.

이 책의 마지막장을 넘기는 순간, 결혼에 관한 안목이 열려서 많은 독자가 행복한 결혼관을 정립하고, 아름다운 결혼에 한발 다가가며, 더 나아가 저출생 극복의 미래를 꿈꾸게 될 것이다.

오랜 시간 방송에 몸담은 사람으로서 이런 좋은 책이 건강한 청년 사회를 만들어갈 것이라는 기대와 확신이 있으므로 이 책의 발간이 더욱 설레고 고맙게 느껴진다.

CTS 기독교TV 회장 감경철 장로

우리는 문명사적 대전환기에 위기가 아닌 것이 없는 시대를 살아가고 있습니다. 이 중에 가장 심각한 위기는 인구 문제일 것입니다. 지난해에 우리나라 전체 가구 중 혼자 사는 1인 가구의 비율이 31.7%로 역대 최고치를 기록했습니다. 이런 추세라면 2050년에는 10가구 중 4가구가 결혼하지 않는 1인 가구가 될 것이라는 충격적인 전망을 하게 됩니다. 자연스럽게 이러한 문제는 저출생 문제를 더욱 심화시키게 됩니다. 대한민국은 이미 저출생 초고령화 사회에 진입했습니다. 이로 인한 급격한 인구구조의 변화들이 나타나고 개개인과 지역을 넘어서 사회 곳곳에 심각한 문제들이 계속되고 있습니다.

사회와 교회는 이 심각성을 인식하고 이에 대한 실질적인 대책과 지원을 조속히 마련해야 합니다. 그러나 행복한 결혼과 가정을 꿈꾸고 돌봄과 육아를 해야 하는 젊은 부모들에게 이 사회의 현실은 너무나 냉담하고 고통스럽습니다. 그렇기에 더 이상 결혼하지 않으려는 비혼주의와 아이를 낳지 않으려는 분위기가 젊은 세대 가운데 많이 퍼지고 있습니다. 이제는 젊은 청년들이 결혼의 기쁨과 부모 세대가 아이를 낳고 키우는 행복을 회복할 수 있도록 교회가 전적으로 나서야 합니다.

이러한 위기의 때에 '그레이스 메리지컨설팅'에서《결혼, 패러다임을 바꿔라》를 발간하게 된 것은 참으로 반가운 소식입니다. 이 책이 행복한 결혼과 가정에 대한 꿈을 잃어버린 청년들에게 결혼의 의미와 행복을 다시 발견하게 해주리라 기대합니다. 가정이 무너져가고 있는 시대에 성경적인 가치관으로 결혼하고 가정을 세우는 귀한 가이드북이 될 것입니다. 세상에서 결혼의 길을 찾는 청년들에게 교과서와 같은 귀한 책을 출판하게 된 것을 축하하며, 이 책을 통하여 많은 아름다운 가정들이 세워지기를 축복합니다.

한국교회총연합 류영모 대표회장

오랜 가뭄을 해소하는 소낙비 같은 느낌이다. 결혼이야말로 전문적인 분야인데 결혼에 관한 전문적인 시각과 오랜 경험을 가진 조병찬 대표께서 직접 풀어 놓으신 이야기 보따리가 상당히 흥미롭고 현실적이다.

아마 많은 독자들이 공감하고 책에서 이야기하는 어떤 부분들을 직접 실천하게 될 것이다. 결혼에 대해 헷갈려하는 청년들이 이 책으로 인해 얻게 될 훌륭한 지적 자산이 기대된다.

기독교대한 감리회 이철 감독회장

요즘 청년들을 '삼포 세대'라 부른다. 직장도 없고 물려받은 재산도 없어 연애, 결혼, 출산을 포기했다는 말이다. 이들은 주로 "아직 결혼 준비가 안 됐다"고 한다. 이 책은 그런 이야기 하는 청년들에게 역발상을 제시한다. 준비되면 결혼하는 게 아니라 결혼하고 준비하라고 강조한다. 결혼 전 준비만 하다 최고의 배우자는 다른 이에게 빼앗겨 버리고 본인의 황금기도 지나가 버린다고 말한다. 맞는 말이다. 준비는 끝이 없다. 이 책은 결혼의 패러다임을 완전히 바꿔놓는다. 결혼에서 무엇이 중요한지 알게 해 주고 결혼 앞에서 더 머뭇거리지 않게 용기를 준다. 성공적인 결혼을 위한 구체적인 솔루션도 제공한다. 이 시대를 사는 청년들이라면 꼭 권하고 싶은 책이다.

국민일보 조민제 회장

이 책은 청년들에게 '인생 책'이라고 할 만큼 중요한 메시지를 담고 있다.

결혼을 꼭 해야 하는지에 대한 의문으로 갈등을 겪고 있는 청년들에게 "나는 지금 어디에 서 있는가?", "나는 지금 무엇을 해야 하는가?"라는 두 가지 질문을 던진 후 스스로 답을 찾아낼 수 있도록 다정하게 말을 걸어온다.

그래서 이 책을 읽고 나면 결혼에 막막했던 청년들이 이제부터 무엇을 해야 하는지 굳이 설명하지 않아도 알게 된다. 청년들에게 막연히 결혼해야 한다는 말만 하는 것이 아니라 어떻게 좋은 짝을 만날 수 있는지 구체적인 방법들을 제시하고, 재미있고 특별한 이야기를 통해 퍼즐을 맞추듯이 스스로 깨닫고 길을 찾게 해 주는 재미로 가득하다.

여러 가지 상황으로 인해 결혼을 망설이거나 포기하거나 의문을 갖고 있었던 청년들이라면 반드시 읽어야 할 책이다. 더 많은 청년들이 현실적인 절망을 딛고 일어나 아름답고 행복한 결혼에 대해 다시 꿈꾸게 되는 어떤 날이 반드시 올 것이라고 확신하기 때문에 결혼에 대해 막막한 청년들에게 이 책을 권한다. 아마도 이 책이 많은 독자들을 신랑과 신부로 만들어 줄 것이다.

대전 중문교회 장경동 목사

조병찬 회장님의 옥저의 출간은 이 시대 결혼을 앞둔 분들에게 좋은 지침서가 될 것입니다. 젊은이들이 결혼을 미루거나 전혀 고려하지 않는 현실 속에서 이 책은 하나님의 말씀으로 새 가정들을 이루게 하는 소중한 역할을 하고, 보이지 않는 곳에서 봉사하는 귀감이 될 것입니다.

부족한 듯한 젊은이들에게 새로운 짝을 지워서 가정도 꾸미고 사회에 더 큰 공헌을 하도록 인생을 완성시켜 주는 역할을 하는 지침서가 될 것입니다.

점점 메말라 가는 시대에 아름다운 사랑의 쉼터와 같은 가정을 이루는 방법을 가르쳐 주고, 서로 다름에 대한 존중을 바탕으로 행복한 가정을 가꾸어 가도록 안내하는 참된 교과서가 될 것을 믿습니다.

대신대 최대해 총장

청년기에 반드시 거쳐 가야 할 핵심 주제들을 다양한 이야기들을 통해 낱낱이 짚어가면서 청년들의 최대 갈등과 고민의 중심부에서 끊임없이 질문하고 쉽게 답을 달아주는 청량감으로 가득하다.

왜 결혼해야 하는지, 누구와 결혼해야 하는지, 어떻게 결혼해야 하는지, 언제 결혼해야 하는지를 명확한 방법으로 결론을 도출해 주는 힘을 갖고 있다.

최선규 아나운서

## 프롤로그

로봇팔이 국수를 말아주고 인공지능 로봇이 1,500도가 넘는 용광로에서 철강을 생산하는 시대가 찾아왔지만 이런 대전환의 시대일수록 절대로 간과해서는 안 될 핵심 가치가 있는데 그중에서도 결혼과 출산은 최상위 핵심 가치라고 할 수 있다.

사회 환경이 급변하면서 결혼이나 출산과 같은 인간 본능에 관한 것조차 사회적 분위기에 편승하고 팍팍한 현실에 떠밀려 포기를 선언하는 청년들이 늘고 있는 현실을 보면서 결혼 전문가인 필자로서는 모종의 연대책임을 느낀다. 그래서 그런 책임감이 책을 쓰는 동기부여가 되었고 책을 완성하는 힘이 되었다.

사람이 살아가면서 가장 중요하게 여겨야 할 핵심 가치가 무엇인지를 더 많은 청년과 소통하며 그들에게 제대로 알려주고 싶었다. 아직 해보지도 않은 결혼과 출산 문제를 놓고 이해득실(利害得失)을 따지는 청년들 앞에서 할 말을 잃는 경우도 있지만 분명한 것은 결혼과 출산 자체가 잃는 것보다는 얻는 것이 훨씬 많다는 사실이다. 더 정확히 말하자면, 결혼과 출산은 이해득실로는 따질 수 없는 인생 최대치의 행복인 것이다. 그래서 결혼을 말할 때 인간사 중 가장 큰 일임을 뜻하는 인륜지대사(人倫之大事)라는 말을 쓰는 것이다.

결혼과 출산을 지레 포기했다가 적령기를 지나고 나서야 후회하는 사람들을 너무 많이 보아 왔기 때문에 그 시기를 놓치지 않도록 일깨워 주는 것도 이 책을 쓴 또 하나의 이유다.

결혼과 출산은 인생이라는 큰 그림을 그리는 데 바탕이 되고 배경이 된다. 바탕과 배경이 잘 갖추어져야 좋은 인생 그림이 그려지는 것이다. 다시 말해 한 도화지 안에 크게 그려진 완성된 그림과 같은 것이다.

결혼을 하고 아기를 낳고 그 아기를 아름답고 훌륭한 인간으로 성장시키면서 살고자 하는 인간 본능이야말로 '인간 행복'의 최상위 지향점이기 때문에 아무리 최첨단 산업화로 집단 지성이 프로그래밍된다 해도 그 이상의 '인간 행복'을 넘어설 수는 없는 것이다.

수년 전, 필자는 새벽기도 중에 특별한 환상을 본 적이 있다.

눈앞에 한국 교회가 무너지는 섬뜩한 장면이 펼쳐지고 있었는데 그 모습을 지켜보는 순간 멀리서 한 음성이 들려온 것이다.

"생육하고 번성하라. 가정을 세우라."

그 음성이 들리면서 환상은 서서히 사라졌다. 그런데 그 여운이 얼마나 짙은지 한참 동안을 움직이지 못했고, 다른 사람들이 모두 집으로 돌아간 후에도 빈 성전에 혼자 남아 오랫동안 묵상을 이어가야만 했다.

그때는 사업적인 전환을 위해 기도하던 시기였는데, 그 환상에 담긴 뜻을 알기 위해 꽤 많은 시간 동안 기도한 결과, 하나님의 뜻이 결혼에 있다는 것을 알게 되었다. 그때부터 십수년 동안 결혼 전문가의 외길을 걸어 왔다. 현재까지 만나 온 청년들만 해도 5,000명은 족히 넘을 것이다.

때때로 잔인할 만큼 혹독하게 삶의 무게를 견뎌내야 하는 청년들을 만나기도 하는데 그들을 만나면 저절로 알게 된다. 산다는 것과, 살아진다는 것과, 살아내야 한다는 것이 각각 어떤 의미이고 어떠한 무게를 지니는지를….

마치 외줄 타기를 하듯 아슬아슬한 위기 속에 사는 청년들과 땡볕이 내리쬐는 사막 한가운데에서 이정표 없는 길을 서성이는 듯한 청년들을 만날 때마다 꽤나 당황스러웠다. 그리고 무엇을 먼저 해야 하는지도 알지 못한 채 그냥 흘러가는 시간에 등 떠밀려 가는 청년들이 많다는 것도 충격이었다.

누군가는 방황하는 청년들의 손을 잡아주고 그들에게 닥친 문제를 함께 풀어주는 해법 같은 존재가 되어야 하고, 또 다른 누군가는 한겨울 모닥불과 같은 따뜻함으로 그들에게 다가가 길을 가르쳐 주어야 한다. 이것이 필자가 책을 쓴 이유다.

이 책을 읽는 모든 독자가 행복하길 바라고, 이 책으로 인해 많은 독자의 결혼관이 확고해져서 행복한 결혼으로 이어지길 바라는 마음 간절하다.

끝으로, 필자의 이런 모든 고민을 함께해 주시고 책이 나오기까지 편집에 많은 도움을 주신 김상길 목사님과 최정숙 작가에게 깊은 고마움을 전한다.

필자의 진심이 고스란히 독자에게 전달되길 바라면서

**조병찬**

# 목차

추천사     4

프롤로그     12

## PART Ⅰ. 결혼, 패러다임을 바꿔라

1. 황금기를 날리는 패러다임에서 벗어나라     22
   느리게 걸을수록 황금기는 빨리 간다     23
   역발상으로 나의 청년기를 전환하라     27
   청년이란 이름이 경쟁력이 되게 하라     32
   나를 가두는 나의 BOX를 오픈하라     36

2. 사다리 패러다임을 세우라     40
   여왕개미로 점프하라     41
   스펙과 미모보다 젊음의 찰나를 잡아라     45
   기지와 재치로 뚫고 나가라     48
   결혼과 비혼이 대립할 때 통을 넓혀라     52

3. 문화 패러다임 전환을 꿈꾸다 ... 56
   나의 존재를 적극적으로 알리라 ... 57
   내 인생에 전문가를 개입시켜라 ... 61
   누가 퍼스트 펭귄이 될 것인가 ... 65
   3.2.1 법칙으로 인간관계 기술을 단련하라 ... 69

# PART Ⅱ. BEST 결혼 솔루션 7단계

1. 이해하다 ... 78
   1단계 > 보고... 뛰어난 안목으로 바뀌는 세상을 경험하라 ... 79
   2단계 > 듣고... 큰 귀로 듣고 공감하는 코끼리가 되어라 ... 83
   3단계 > 알고... 본질이 빛나는 진짜 보석을 찾아라 ... 87

2. 함께하다 ... 91
   4단계 > 내려가서... 선택과 집중이 시소를 타게 하라 ... 92
   5단계 > 건져내고... 화려한 연인보다 나를 웃게 하는 짝꿍을 만나라 ... 96

3. 나아가다 ... 100
   6단계 > 인도하여... 악어는 갈고리로 낚지 않는다 ... 101
   7단계 > 데려가다... 벗겨지지 않는 황금 콩깍지를 찾아라 ... 105

PART III. 바보 같은 파산과 천재 같은 성장
  - 그레이스메리지컨설팅 스토리

1. 뿌리 내리다     113

   역경 속에 핀 꽃이 아름다운 이유     114

   빈털터리 제로베이스 청년     118

   회사 운영의 지표가 된 세계선교 동행     122

   파도가 높을 때는 깊은 물 속이 잔잔하다     126


2. 자라다     130

   최고의 자리에 서다     131

   0에서 시작해서 100이 된 결혼     135

   작은 씨앗 한 개의 기적     139

   될 때까지 하는 집념과 열정의 CEO     144


3. 열매 맺다     147

   내가 하고 싶은 일을 할 때가 가장 행복하다     148

   한겨울 시멘트 바닥의 무릎 기도     153

   그레이스메리지컨설팅, 정상에 서다     157

   서울대 출신 직원의 고백     161

# PART I

# 결혼, 패러다임을 바꿔라

1. 황금기를 날리는 패러다임에서 벗어나라

2. 사다리 패러다임을 세우라

3. 문화 패러다임 전환을 꿈꾸다

# 1.
## 황금기를 날리는
## 패러다임에서 벗어나라

## 느리게 걸을수록 황금기는 빨리 간다

개 몇 마리로 천하에 힘센 곰을 잡는 방법이 있다는 것은 신기하고 놀라운 일이다. 곰은 덩치가 크고 힘이 장사여서 웬만한 힘으로는 맞설 수 없기 때문에 심리전을 이용하여 잡는 것이다.

우선 여러 마리의 개를 풀어 놓고 곰의 심기를 건드리기 시작하는데, 처음에는 개들이 곰을 쫓아다녀도 곰은 전혀 위협받지 않지만 여러 마리의 개들이 자꾸만 쫓아다니면서 귀찮게 하면 곰은 점점 화가 끓게 된다. 이윽고 화가 치밀어 오른 곰이 개들을 쫓기 시작하는데, 날쌘 개들은 곰에게 잡히지 않고 이리저리 뛰어다니면서 더욱더 약을 올리고 화를 돋운다. 그럴수록 곰은 더욱 약이 올라서 전력으로 질주하게 되는데, 그 몸집이 워낙 거대하다 보니 얼마 지나지 않아 체력이 소진된다. 그러면 그때 곰을 잡는 것이다.

나는 이 곰의 이야기를 통해 적을 알고 나를 알면 백 번 싸워도 위태로울 것이 없다는 지피지기 백전불태(知彼知己 百戰不殆)라는 말을 실감한다.

내게 찾아오는 청년들 중에는 두 가지 유형이 있다.

첫 번째 유형은 힘센 곰을 잡기 위해 전략을 짜는 것처럼 무엇이든 구체적인 계획과 목표를 세우고 시간의 바퀴를 빨리 돌리며 빠른 걸음을 걷는 청년들이다. 그들은 결혼 컨설팅을 받고 나면 컨설팅 결과에 따라 본인이 원하는 상대방의 조건에 걸맞게 자기 맞춤을 시작하는 기민함을 놓치지 않는다. 기타를 배우거나 특정 분야의 공부를 시작하는 청년들도 있고 취미생활을 늘리거나 새롭게 운동을 시작하는 청년들도 있다. 두 번째 유형은 천하태평의 청년들이다. 이들은 힘센 곰을 잡으러 가는데도 아무런 전략 없이 일단 가서 잡아 보고자 한다. 안 되면 다음에 하고 그때도 안 되면 또 그다음에 하는 식이다. 그들은 그렇게 매우 느린 걸음으로 세상을 산다.

여기서 한 가지 중요한 체크 포인트는 느리게 사는 것과 게으르게 사는 것이 크게 다르지 않다는 점이다.

게으르게 살 때 치명적인 것은 분명한 목표나 골인 지점 없이 자신의 시간을 소모하는 사이 20대의 고개를 넘고 30대의 고개를 넘는다는 사실이다. 무엇이든 때가 있는 법인데 이들은 뒤늦게 찾아와서 이런저런 조건을 제시하며 걸음을 재촉해 보려 한다. 하지만 그때는 이미 민첩한 사람들이 좋은 짝을 채 간 뒤여서 본인이 원하는 좋은 상대를 찾기가 쉽지 않다. 어느 날 강남에서 명문대생 딸을 둔 엄마가 찾아왔다.

딸 네 명이 있는데 모두 해외로 유학하여 명문대를 졸업하고 박사 과정까지 최고의 스펙을 쌓았다고 한다. 그 후 네 명 모두 한국으로 돌아왔는데 다들 공부하는 시간이 길어서 연애 한번 못 해 보고 40대 중반과 후반이 되었다는 것이다. 스펙만 잘 갖추면 결혼은 저절로 될 거라는 엄마의 짧은 생각이 딸들 인생을 망친 것 같다면서 눈물을 보였다. 듣고 보니 그 나이에 그 스펙을 맞춰 줄 수 있는 청년이 드문 건 사실이었다. 나는 이 엄마의 눈물을 보면서 매우 안타까운 생각이 들었다. 조금만 더 서둘렀으면 좋았을 텐데. 공부 때문에 사람 만날 시간도 없고 연애할 시간도 없었다면 진작에 전문가에게 맡기는 것도 괜찮았을 텐데. 공부와 결혼은 둘 다 중요하므로 어느 것 하나 뒤지지 않도록 시간 관리를 철저히 해야 한다. 그렇지 않으면 우물쭈물하는 사이에 황금 시간이 지나가기 때문이다. 기왕에 하던 공부는 계속하고 배우자는 전문 매니저가 찾아주도록 본인의 삶을 주도적으로 설계할 필요가 있는 것이다.

노벨 문학상을 수상했던 영국 극작가 조지 버나드쇼의 묘비명을 기억해 보라. '우물쭈물하다 내 이럴 줄 알았다.' 허무함의 극치다. 그러므로 모든 것에는 때가 있음을 숙지하고 냉철한 이성으로 자신을 관리해야 한다.

"범사에 기한이 있고 천하만사가 다 때가 있나니 날 때가 있고 죽을 때가 있으며 심을 때가 있고 심은 것을 뽑을 때가 있으며… 사랑할 때가 있고 미워할 때가 있으며 전쟁할 때가 있고 평화할 때가 있

느니라." - 성경 전도서

시간은 모든 것을 다 갖출 때까지 기다려 주지 않는다는 사실을 유념하라. 언젠가는 누군가를 만나서 결혼할 거라는 막연한 기대감으로 인생에서 가장 빛나고 아름다운 20대와 30대의 황금기를 놓쳐서는 안 된다.

"전쟁에 나갈 때는 한 번 기도하라. 바다에 나갈 때는 두 번 기도하라. 그리고 결혼할 때는 세 번 기도하라." - 러시아

입시를 위해서는 꼬박 12년을 코피 터지도록 공부하면서 그보다 훨씬 더 중요한 결혼은 왜 소홀히 하는가. 막연함과 어리석음으로 당신의 젊음이 녹슬지 않도록 지금 당장 당신의 계획표에 결혼 희망 나이를 적어 넣고 입시나 취업을 준비했던 그 치열함으로 당신의 결혼에 대해서도 구체화하라.

그리고 나서 그게 무엇이든 오늘부터 당장 하나씩 실행에 옮기는 도전과 경주를 시작하라. 당신이 서둘러 시작한 도전과 경주는 당신 인생에서 황금기를 붙잡을 수 있는 동력으로 작용하게 될 것이다.

## 역발상으로 나의 청년기를 전환하라

대추나무에 대추를 많이 열리게 하려면 어떻게 해야 할까. 흔히 대추나무를 잘 다듬어 주거나 영양분을 보충해 주거나 잘 보호해 주는 것이라고 생각할지도 모르겠다. 그러나 오히려 그 반대다.

최대한 나무를 괴롭혀야 한다. 나무를 괴롭히면 괴롭힐수록 스스로 긴장하여 본능적으로 더 많은 번식을 위해 열매를 많이 맺기 때문이다. 그래서 옛날에는 대추나무에 염소를 묶어 두어 나무를 최대한 괴롭혔다고 한다.

요즘 고뇌하는 청춘들에게 대추나무에서 얻는 역발상의 교훈에 빗대어 묻고 싶다.

"당신의 삶 속에서 대추나무처럼 주렁주렁 많은 열매를 맺기 위해 얼마나 많은 노력을 하고 있는가?"

많은 열매를 맺기 위해 스스로 대추나무가 되어 공부하고 스펙 쌓고 취업 준비에 아르바이트까지 시간을 쪼개 분주히 움직일 것이다.

아마도 대학 강당에서 철학책을 들고 다니며 고민하던 그때의 학습 패턴이 성인이 된 지금까지도 진행형으로 실현되고 있는지도 모르겠다. 스스로 사색하고 스스로 탐구하고 제 발로 서는 연습을 각자의 모양대로 끊임없이 하고 있을 테니 말이다.

그러나 나는 좀 더 자유로워지라고 말하고 싶다. 열매 많이 맺는 나무를 만들기 위해 자신을 너무 과도하게 괴롭히지 말라고 하고 싶다.

"열매 좀 덜 맺으면 어떤가."

이런 쉼표를 가끔은 자기 자신에게 찍고 조금은 헐렁하게, 또 조금은 자유롭게 풀어 주면서 그동안 혹독했던 자신을 내려놓는 연습을 해 보길 바란다. 자신의 삶을 두루두루 돌아볼 여유조차 없이 공부나 취업 등의 극한 고지를 넘기 위해 자신을 혹독히 채찍질하는 사이에 결혼과 같은 중대한 과제를 간과할 수 있기 때문이다.

당신이 여러 가지 일로 분주하게 지내는 사이에 20대와 30대의 청춘은 당신을 기다려 주지 않고 빠르게 달음질해 갈 것이다. 결혼과 같은 중대사는 일정한 때가 있으므로 그때를 놓치지 않기 위해서는 철저한 시간 계산이 필요하다.

최근에는 대학 졸업도 늦추고 수년에 걸쳐 취업 준비를 하다 보니 남학생의 경우, 군대까지 다녀오면 20대 후반에야 사회에 진출하는 경우가 허다하다. 경제 활동이 지연되면서 결혼연령이 상승하고 출산 연령은 OECD 평균보다 무려 3년이나 늦다. 이런 지연사회 현상이 자연스럽게 개개인의 시간을 지연시키지만 그렇다고 넋 놓고 있을 일은 절대 아니다.

사회적으로 극히 한정된 특정한 지위를 얻기 위해 모두가 마라톤 선수처럼 취업 준비의 출발선에 서지만 결국은 무한 경쟁의 대오에서 극소수만이 등위 안에 들고 대다수는 도태된다. 그러나 결국은 이긴 자도 진 자도 과다한 열정과 의욕으로 기력을 소진한 탓에 극도의 스트레스로 인한 무기력증이나 우울증을 경험하게 되는 '번아웃 증후군'에 시달리기도 한다. 이것이 우리가 사는 지금의 세상이고 사회 분위기다.

내게 찾아오거나 나의 강의를 들었던 사람들에게 종종 이런 질문을 해 본다.

"몇 살에 결혼하고 싶어요?"

그러면 대다수가 이런 대답을 한다.

"모르겠어요. 준비되면 해야죠."

그런데 나는 결혼 매칭 전문가로서 그 말을 들을 때 가장 답답하다. 20대와 30대를 허무하게 지나게 하고 결혼이 늦어지도록 발목을 잡는 가장 치명적인 생각이 '준비되면'이라는 키워드이기 때문이다. 얼핏 보면 그런 생각이 가장 현실적이고 가장 합리적으로 보일지 모르나 사실은 전혀 그렇지 않다.

생각해 보라. 완벽한 준비는 끝이 없는 것이다.

당신이 수년 동안 취업 준비를 하고 집이나 차를 사기 위해 돈을 모으는 동안 20대가 30대가 되고, 30대가 40대가 된다면 정작 당신이 목표 지점에 다다랐을 때 가장 중요하게 생각했던 이상형의 배우자는 이미 떠나고 없을지도 모른다. 그때가 되면 현실의 벽에 부딪힌 당신의 머릿속은 엉키게 될 게 뻔하다. 취업도 결혼도 완벽하게 준비되면 하겠다는 '지연사회' 분위기에 편승하면 안 된다. 그래서 생각의 전환이 필요한 것이다. 기발한 역발상으로 당신의 시간을 다시 한 번 체크해 보라.

"지금은 준비가 안 됐지만 결혼하고 준비하겠다."

이렇게 과감히 선포하고 실행해 보라.

가장 중요하다고 생각하는 것부터 먼저 쟁취하는 것이다. 특히 결혼 상대에 관한 한, 준비가 완료될 때까지 기다리지 말고 순서를 바꿔서 배우자를 먼저 선택한 후 준비하는 것이 당신이 원하는 것을 가질 수 있는 최상의 방법이다.

"세 사람이 우겨대면 없는 호랑이도 만들어 낼 수 있다."라는 명언이 있다.

함께 힘을 합하면 무슨 일이든 이룰 수가 있다는 뜻인데 준비되지 않은 결혼이라고 말하지 말고 그까짓 것 둘이 협력하여 호랑이 한 번 만들어 보는 것은 어떤가.

복은 우리가 만드는 것이 아니라 하나님이 주시는 것이기 때문에 결혼을 하면 복은 하나님께서 주신다는 것을 나는 주변에서 수도 없이 보아 왔다. 그러므로 여건이 완벽해질 때 결혼하는 것이 아니라 결혼하면 복을 주신다는 역발상, 곧 사고의 전환이 필요한 것이다.

"너는 청년의 때에 너의 창조주를 기억하라. 곧 곤고한 날이 이르기 전에, 나는 아무 낙이 없다고 할 해들이 가깝기 전에 해와 빛과 달과 별들이 어둡기 전에, 비 뒤에 구름이 다시 일어나기 전에 그리하라." - 성경 전도서

청년의 때는 당신의 인생에 있어 가장 반짝이는 최대의 황금기다. 그러므로 청년의 황금기를 놓치지 말고 역발상의 역사를 이루라.

당신의 생각을 전환하는 그 순간부터 당신의 인생이 바뀌기 시작할 것이다.

## 청년이란 이름이 경쟁력이 되게 하라

　북극여우 사냥법은 매우 특이하다. 칼에 피를 묻혀서 얼려 놓으면 여우가 와서 피를 핥아먹는데 자기의 입이 다 잘리는 줄도 모르고 계속 핥아먹는다. 그러면 사냥꾼은 별다른 노력 없이 그냥 지켜보고 있다가 여우가 쓰러질 때 잡기만 하면 된다.

　자기 몸이 죽어가는 줄도 모르고 오직 한 가지에만 정신 팔린 북극여우를 보면서 그런 일이 비단 북극여우에게만 일어나는 것일까 생각해 보게 된다.

　녹록하지 않은 경제와 사회적인 압박 탓인지 청년들 사이에 유행처럼 번진 희한한 기피 문화가 있다.

　'연애 포기, 결혼 포기, 출산 포기.' 이 세 개를 합쳐 삼포세대라고 부르기도 하는데 나는 그런 세대에게 한 가지 질문이 있다.

　삼포란 젊음만이 가지고 있는 그 거룩한 특권 세 가지를 모두 포기한다는 뜻인데 그에 진정 동의하는 것인가.

만일 당신이 자신의 미래에 대한 신중한 청사진도 없이 스스로를 삼포세대라고 말한다면, 말하는 그 순간부터 당신은 북극여우가 되기 시작할지도 모른다. 삼포세대라고 선포하는 그 순간에 이미 당신은 자신을 삼포세대라는 프레임 속에 가두기 시작하고, 주변을 둘러볼 여유조차 없이 앞만 보고 직진하는 사이에 당신의 젊음은 저 멀리 사라질 것이기 때문이다.

당신의 한마디 선언이 당신의 인생을 통째로 바꿔놓을 수도 있다는 사실을 간과해선 안 된다. 그 어떠한 것도 당신의 젊음과는 바꾸지 말아야 하고, 당신이 포기를 선언하고 방관하는 사이에 돌이킬 수 없는 젊음이 순식간에 사라진다는 것을 마음속 깊이 새겨야 한다.

무슨 일이든 대안은 있는 법이다.

당신이 세 가지를 포기하기 이전에 포기할 수밖에 없게 만드는 환경을 바꿔보라. 필자의 경험으로 볼 때, 환경을 바꾸기 위해 세 가지 목표를 세우고 하루 세 시간을 무엇이든 꾸준히 했더니 성공의 확률이 매우 높았다.

다만, 세 시간은 누구나 어렵지 않게 실행할 수 있는 시간이지만 꾸준히 하는 것은 어려운 일이기 때문에 의지를 다지고 실행한 자만이 성취할 수 있게 된다.

연애든 결혼이든 출산이든 당신의 젊음이 사라지기 전에 무엇이라도 목숨 건 노력을 해 보라. 목숨 건 노력을 안 하니까 한계를 못 넘는 것이다. 될 때까지 하는 것이 목숨 건 노력이고 한계를 돌파하는 정신 무장이다.

우리나라 유명 축구선수가 사선을 넘나들 정도의 고된 훈련을 하면서 이런 말을 하는 것을 들은 적이 있다.

"노력에는 고통이 따른다. 그러나 그 고통이 내가 무언가를 이루지 못했을 때 따르는 고통보다 덜하다."

당신도 해 보라. 무엇이든 견해차다. 하다가 포기하면 패배자가 될 수밖에 없다. 무한불성(無汗不成)이라는 말처럼 땀과 노력 없이는 성공할 수 없는 법이다. 고통의 대가는 정상에 오르는 순간에 비로소 알게 된다.

정상에 다다르기 직전, 경제적인 이유가 고비가 될 수도 있고 가정환경에 가로막힐 수도 있고 다른 여러 가지 이유가 걸림돌이 될 수도 있으나 포기하지 않고 견디고 버티면서 젊음의 패기로 뚫고 나가면 어느새 정상에 서 있는 당신을 발견하게 될 것이다.

젊음이라는 무기로 무엇이든 할 수 있으므로 청년이란 이름이 곧 경쟁력이 될 수 있는 것이다. 당신이 포기하지 않고 정상에 섰을 때 비로소 알게 될 것이다. 젊음이 얼마나 가치 있는 것인지를.

젊으니까 연애, 젊으니까 결혼, 젊으니까 출산이다. 젊음의 특권을 포기하지 말고 청년의 전성기를 마음껏 누려 보라.

요즘 MZ세대들은 네 가지 키워드에 집중하고 있다.

공부와 직장과 유튜버와 연예인이다. 공부의 필요성에 물음표를 달고 직장에 대해서도 목숨 걸지 않는다. 월급쟁이보다는 유명 유튜

버가 되어 돈을 벌면 된다고 생각하기도 하고 연예계 진출을 꿈꾸기도 한다. 시대에 따라 꿈도 변하게 마련이니 새로운 문화 속에서 꿈을 갖는 것은 자유의지다.

그러나 가장 중요한 것은 무엇을 하든 마침표를 찍을 때까지 끝까지 하는 자만이 결승선을 밟을 수 있다는 사실이다.

한결같은 끈기와 투지로 당신만의 길을 묵묵히 가 보라. 반드시 환희의 어떤 날을 마주하게 될 것이다.

## 🎵 나를 가두는 나의 BOX를 오픈하라

 어느 날 독신주의자 딸을 둔 어머니가 딸과 함께 우리 회사에 방문했다. 딸이 어찌나 인상을 쓰고 들어오는지 마주 앉기도 싫을 정도로 표독하고 무서운 얼굴이었다. 딸이 매니저와 이야기하는 동안 어머니는 내게 마음 아픈 속내를 털어놓았다. 그리고 딸에게 단호하게 얘기 좀 해 달라고 부탁했다. 어머니의 표정이 말하는 내내 너무 힘들고 슬퍼 보였다.

 잠시 후 딸이 들어왔다. 엄마의 생각을 포기시키려고 앉자마자 말했다.

 "저는 결혼 안 합니다."

 그래서 나도 단호하게 말했다.

 "그래 난 너 같은 애는 해 주고 싶지 않아. 너는 네가 진정 크리스천이라고 생각하니? 너, 어디 가서 교회 다닌다고 하지 마라. 너희들 때문에 크리스천이 욕 먹어. 하나님이 엄마에게 너를 선물로 주셨으니까 행복한 가정을 만들어 주고 싶어서 여기까지 데려온 건데 그렇게도 엄마의 마음을 모르겠니?"

그러자 엄마는 옆에서 눈물을 닦아내고, 딸은 입을 다물었다.

"지금 엄마의 눈을 봐라. 눈물의 의미를 진짜로 모르겠어? 누가 너를 위해 울어 줄 수 있다고 생각하니. 너를 행복하게 하고 싶은 것이 엄마의 소원인데 너의 고집대로 혼자 살다가 엄마가 이 땅에 안 계신 날, 그때 지금 엄마처럼 맹목적으로 널 사랑하고 너를 위해 울어 줄 수 있는 사람이 누구일 것 같니? 네가 아플 때 한숨도 안 자고 너를 간호하면서 키웠건 너의 엄마처럼 그런 똑같은 사랑으로 너를 걱정해 주고 죽을 때까지 아껴 줄 수 있는 사람이 있다면 결혼 안 해도 좋아. 하나님이 아담을 만드시고 돕는 배필로 이브를 주신 것은 생육하고 번성하면서 이 땅에서 행복하게 살라는 거야. 너의 돕는 배필이 아니라면 지금 너의 엄마처럼 한집에 살면서 너와 함께 밥을 먹고 함께 사랑하고 평생 네 편이 되어 줄 사람은 없어. 그래서 너의 평생 짝꿍이 될 아담이 필요한 거야. 네가 아직 어려서 모르지만 조금만 더 지나면 너의 주변 사람들도 각기 제 길로 가고 너 혼자 남게 되는 것을 실감하게 된단다. 그래서 엄마는 네게 짝을 만들어 주고 싶은 거고 이 땅에서 가장 행복한 삶을 누리게 해 주고 싶은 거야. 엄마의 마음이 곧 하나님 마음이야. 그것 한 가지만 네 마음속에 가지고 가도 오늘 너는 성공한 거다."

그렇게 30분 정도 얘기한 후 주님 마음을 전하는 따뜻한 기도를 해 주었더니 기도가 끝난 후에는 얼굴이 한결 환해져서 돌아갔다. 그리고 그다음 주에 다시 찾아와 결국 결혼 상대를 만나게 되었다. 결혼 후 1년 5개월쯤 되었을 때 남편과 함께 임산부가 되어 찾아와서 말했다.

"1년 전 저의 고집을 꺾어 주신 덕분에 오늘 저도 엄마가 될 수 있었어요. 그렇지 않았으면 지금도 혼자 살고 있었을 거예요. 이 아이가 커서 부모가 되면 대표님 얘기 꼭 해 줄게요."

나는 다시 찾아와 준 그 부부가 정말 고맙고 사랑스러웠다. 그리고 오늘 내가 이 일을 하는 이유가 너무 행복해졌다.

누구나 자기의 거위를 백조라고 생각한다는 영국의 격언처럼 자기만의 박스에서 자기만의 생각 상자를 가지고 살면서 남들이 다 거위라고 말해도 자기중심으로 자기를 백조라고 우기며 사는 사람들이 있다. 그런 사람들이 늘어날수록 사회는 병들어 가고 더불어 사는 사회가 이기적인 사회로 변질되어 가는 것이다. 이런 결과가 오늘의 청년들을 더 이기적으로 변하게 하고 더 혼자가 되도록 내몰고 있는지도 모르겠다.

나 역시 지금의 내가 있기 전까지는 나만의 상자 속에 갇혀서 내가 제일 잘나가는 사람인 줄 알고 살았던 시절이 있었다. 지금처럼 나의 상자를 깨고 나오기까지는 많은 고통이 뒤따랐으나 그래도 나 자신을 백조로 알면서 우스꽝스러운 모습으로 살지 않게 된 것이 어찌나 감사한 일인지, 종종 생각하면 아찔한 헛웃음이 나온다.

사람들은 누구나 촘촘한 틀로 이뤄진 자기만의 상자를 갖고 산다.

그런데 그 틀이 오랜 고정관념으로 고착화되면 때때로 독선으로 작용하기도 하고 자기 자신을 가두는 걸림돌이 되기도 한다. 그러므로 자신이 만들어 놓은 상자 속에 갇히지 않기 위해서는 환기가 필요하다.

 자신의 상자를 오픈하여 생각의 틀을 유연하게 다듬고 수용과 조화를 이루기 위해 내가 무엇을 해야 할 것인가를 때때로 고민해야 한다. 공부든 취업이든 결혼이든 자신이 원하는 답을 찾기 위해 머릿속 상자를 과감하게 오픈해 보라. 그러면 비로소 보이기 시작할 광범위한 안목이 당신의 길을 발견하게 해 줄 것이다.

 그리고 나서 편견 없는 올곧음으로 고집스러운 자기만의 틀을 깨고 변화시킬 준비를 하라. 더 넓은 사고와 시야가 확보될 것이다. 때때로 상자 밖에서 생각의 여행을 떠나야 하는 이유가 여기에 있는 것이다.

 이제부터 당신이 어떤 특정한 분야에서 당당하게 일하는 프로페셔널한 모습을 항상 상상하고 실행하기 시작하라. 그리고 동시에 인생에서 일 만큼이나 중대한 포지션이 될 행복한 결혼을 꿈꾸고 그 꿈을 위해 끊임없이 머릿속 상자를 환기하고 가동을 반복하라.

 당신의 삶 속에 청량감이 가득해질 것이다.

## 2.
## 사다리 패러다임을
## 세우라

## 여왕개미로 점프하라

평생을 일개미로 살 것인가 점프하여 여왕개미로 살 것인가의 문제는 철저히 개인의 선택에 달려 있다.

연애도 결혼도 언제나 똑같은 생각과 방식으로 똑같은 행동을 하면서 오직 하나만 고집하는 청년들을 가끔 본다. 그들은 새로운 사고나 변화에 극도로 불편함을 느끼고 오직 자기만의 방식으로 자기만의 틀에 갇혀 지낸다. 그래서 시대가 급변하는데도 사회적 변화와 이슈로부터 자신을 고립시키고 단절시킨다.

그런 청년들은 결혼 상대를 고를 때도 오직 외길 연애만 고집하다가 결국은 늦은 나이에 우리 회사에 찾아오곤 한다. 그러나 그때는 그가 원하는 백 퍼센트 정상궤도 진입은 불가할 수도 있다.

비단 이런 일들이 특정 소수에게만 국한된 일은 아니다. 자기도 모르는 사이에 마치 단단한 콘크리트 벽과도 같은 구닥다리 패러다임에 고착화되어 있기 대문이다. 늘 변화에 민감하되 자기만의 컬러를 지키면서 시대에 부응한 개혁과 변혁의 패러다임에 편승해야 한다. 그래야 청년이다.

더 스마트한 세계로 한 단계씩 나아가는 개혁과 변혁의 사다리를 놓고 과감히 패러다임 전환을 단행해 보라. 새로운 사다리 패러다임은 당신의 구닥다리 삶과 사고 체계에서 벗어나 보다 스마트하고 빠른 세상으로 나아가도록 견인할 것이다. 누구나 멋진 결혼을 꿈꾼다. 당신도 정말 그런 결혼을 하고 싶다면 지금 바로 멋진 결혼으로 향하는 사다리를 놓아라. 언젠가 누군가를 우연히 만나게 될 거라는 막연한 사고를 과감히 털어 버리라.

기다리면 늦는다. 빠른 흐름의 사회에서는 무엇이든 전문 분야가 따로 있는 법이다. 아무것도 하지 않고 꿈만 꾸는 공상가가 되지 말고 결혼 전문가와 연결된 사다리를 놓고 기다리라. 당신이 한 단계 점프하는 어떤 순간이 찾아올 것이다. 단언컨대, 점프하고 나면 비로소 보이기 시작하는 것들로 당신의 심장이 설레기 시작할 때 당신은 비로소 성공궤도 진입이 가능해지는 것이다.

미국 페닉 교수 연구진이 발표한 상당히 흥미로운 점프 개미의 세계가 있다.

인도에 점프 개미가 있는데 높이뛰기는 2㎝, 멀리뛰기는 10㎝나 한다. 그래서 높이 뛰고 멀리 뛰는 만큼 자기 몸보다 두 배나 큰 먹잇감도 거뜬히 쓰러뜨린다. 점프 개미는 또 다른 개미와 달리 여왕개미가 죽으면 일개미 중에서 여왕개미를 선발하는데 알을 낳는 여왕개미가 되기 위해 순식간에 자신의 몸을 점프시킨다.

개미 집단의 70%를 차지하는 일개미들이 40일 동안 여왕개미 경쟁을 하게 되는데 알을 낳는 여왕개미가 되기 위해 뇌로 가는 에너지를 난소로 보내서 뇌의 크기를 4분의 1로 줄이고 난소의 크기는 무려 다섯 배를 늘린다.

그런데 또 하나 놀라운 사실은 임시 여왕개미 중 일부를 집단에서 분리했더니 불과 하루 이틀 만에 알 낳기를 중단하고 얼마 지나지 않아서는 예전의 일개미로 돌아가더라는 것이다.

그러므로 모든 것이 생각 차이다. 생각은 날마다 우리 삶에 관여하고 날마다 우리 길을 다르게 한다. 어떤 메커니즘으로 세상을 바라보느냐에 따라 내가 세상을 지배할 수도 있고 내가 세상에 지배당할 수도 있게 된다.

기독교 학설 중에 '4차원 영성'이라는 것이 있다. 삶의 모든 영역을 4단계로 분류하여 '생각하고, 꿈꾸고, 믿고, 말하는' 4단계를 꿈이나 목표를 이루는 실행 툴로 삼고 있는데 4차원 영성에 따르면, 자신이 꿈꾸는 목표나 이상형의 삶을 바라보면서 그 꿈을 이루기까지 끊임없이 생각하고 꿈꾸고 믿고 말하는 단계를 반복하고 선포하고 실행하면 반드시 이루어진다는 것이다. 비록 당장은 눈에 보이지 않고 귀에 들리지 않고 만져지는 것이 없어도 믿음으로 선포하여 이미 이루어진 것을 믿고 바라보면서 4차원의 영성으로 자신의 삶을 점핑시키는 것이다.

지금 사회는 각자의 영역에서 각자의 방법대로 살아가는 방식을 결정하고 빠르게 실행한다. 당신도 청년의 단단한 패기로 당신의 꿈을 선포하고 그 꿈이 이루어진 어떤 날을 바라보면서 당신 자신을 점핑시켜 보라.

매일 똑같은 일상들, 꽃의 꿀을 저장하고 집을 짓고 먹이를 모으는 반복된 단순노동의 일개미로 사는 것이 지겹다면 과감히 건설적인 일탈을 단행하는 것이다. 지금 당신이 서 있는 영역보다 훨씬 더 광활한 광장으로 점프하는 순간, 당신이 원하던 또 다른 출구가 보이기 시작할 것이다.

## 스펙과 미모보다 젊음의 찰나를 잡아라

"나는 이런 CC(campus couple)를 만나고 싶다."

S대학 동아리에서 축제를 앞두고 실시한 설문인데 그 결과가 매우 흥미로웠다.

남학생 선호 1위는 예쁘고 착한 여학생.

여학생 선호 1위는 밥 잘 사 주고 잘생긴 남학생.

그리고 성격과 가치관이 각각 다음 순위를 차지했다. 남자는 외모를 중시하고 여자는 경제력을 중시하는 경향이었다.

나는 지금까지 수많은 청년을 만나 왔는데 두 부류의 청년들이 있다. 처음부터 외모와 경제력을 중시하여 절대로 양보하지 않는 청년들이 있고 외모와 경제력보다 인품이나 성품을 먼저 보는 청년들이 있다. 그런데 커플로 맺어지거나 결혼까지 갈 수 있는 확률은 외모나 경제력보다 인품이나 성품을 중시하는 쪽이 우위를 점한다. 훌륭한 인품이나 성품을 갖추면 경제력이나 외모의 벽은 어느 정도 뛰어넘을 수 있다는 방증일 것이다.

살다 보면 알게 된다. 왜 인품과 성품이 중요한지 격한 공감이 되는 어느 시점이 반드시 오게 마련이다.

오늘을 고뇌하며 사는 청년들에게 해 주고 싶은 말은, 비록 지금은 외모가 가장 중요해 보일지 모르나 활짝 핀 꽃과 같은 외모는 순식간에 사라진다는 것이다.

화무십일홍 권불십년(花無十日紅 權不十年)이란 말을 깊이 새겨 보기 바란다. 열흘 붉은 꽃 없고 십 년 가는 권세가 없다는 뜻인데 아무리 아름다운 꽃도 짧은 시간에 지고 제아무리 막강한 권력도 오래 가지 못하는 법이다.

순식간에 그토록 아름답던 꽃도 지고 서슬 퍼렇던 권세도 쇠하는 것처럼 영원할 것 같은 젊음 역시 찰나에 지나가 버린다. 그러므로 스펙을 쌓는 데 열중하고 미모를 보는 데에만 집중하다가 찰나에 지나가는 젊음을 잡지 못한다면 당신은 인생을 헛똑똑이로 살게 된다는 것을 깊이 성찰해야 한다.

일생에 다시는 오지 않는 딱 한 번의 순간이 젊음의 찰나다. 그것을 놓친다면 당신이 원하는 것을 몽땅 잃어버리는 기분이 들지도 모른다. 그러므로 찰나를 잡는데 어리석은 자가 되지 말고 먼저 해야 할 것과 나중 해야 할 것, 그리고 가져야 할 것과 버려야 할 것을 조절하는 능력을 수양하여 청년의 찰나를 결코 놓치거나 허비하지 않는 현명함의 소유자가 되어야 한다.

파스칼은 이런 말을 했다.

"너그럽고 상냥한 태도, 그리고 사랑을 지닌 마음, 이것은 사람의 외모를 아름답게 하는 말할 수 없이 큰 힘이다." 사람의 외모를 아름답게 하는 진짜 힘은 그 사람의 내면에서 나오는 매력이라는 얘기일 것이다. 매력은 너무 화려하거나 번쩍이지는 않아도 은은한 빛으로 천지를 비추는 달빛과도 같은 것이다.

그러므로 당신의 매력적인 연인을 떠나보내지 않기 위해 무엇을 먼저 해야 할 것인지를 생각하라.

젊고 창의적이고 유능하고 활동적인 꽃 같은 청춘의 시기를 지나고 있는 당신이 오랜 시간 면벽 수행으로 스펙 전쟁이나 다른 것들에 지나치게 많은 시간을 쏟다 보면 젊음의 찰나는 순식간에 사라질 것이고 당신도 모르는 사이에 가장 지키고 싶었던 소중한 것들까지도 요원해져 있을 테니 말이다.

모두가 가는 길이 다 옳은 길은 아니다. 너도나도 스펙에 집중하고 미모만 쳐다보다가 세상에서 가장 매력적일지도 모를 당신의 연인이 당신의 곁을 스쳐 지나가도 모른다면 당신은 세상에서 가장 큰 것을 잃는 어리석고 슬픈 청춘이 될 것이다.

## 기지와 재치로 뚫고 나가라

간디가 영국 런던대학에 다닐 때였다.

피터스라는 교수가 있었는데 간디를 매우 못마땅하게 생각했다. 영국의 식민지국이었던 인도 출신 간디가 교수에게 절대 고개를 숙이지 않는다는 것이 그 이유였다.

어느 날 간디가 대학 구내식당에 갔을 때 마침 피터스 교수가 식사하고 있어서 간디가 그 옆에 앉았더니 교수가 매우 불쾌한 표정으로 이렇게 말했다.

"이보게 간디, 아직 자네가 모르는 모양인데 돼지와 새가 함께 앉아 식사하는 법은 없다네."

그러자 간디가 대답했다.

"아, 네 교수님. 걱정하지 마세요. 제가 새니까, 다른 곳으로 날아갈게요."

교수는 화가 잔뜩 나서 식당을 나가버렸다.

그 후 얼마 지나지 않아 시험이 있었는데 피터스 교수는 어찌하든 간디에게 복수할 생각이었다. 그러나 간디는 어려운 시험인데도 성적이 월등했다. 그러자 더욱 화가 난 교수가 이번에는 간디에게 질문 공세를 퍼부었다.

"길을 걷다가 자루 두 개를 발견했는데 하나는 돈 자루고 또 하나는 지혜가 가득 들어 있는 자루였네. 자네는 어느 쪽을 택할 텐가?"

간디가 대답했다.

"당연히 돈 자루지요."

그러자 교수가 말했다.

"나라면 지혜의 자루를 택했을 것이네."

간디가 다시 대답했다.

"그야 각자가 부족한 것을 택하는 것 아니겠는지요?"

이번에도 간디의 대승이었다.

머리끝까지 약이 오른 교수는 분을 못 참고 간디의 시험지에 이렇게 적었다.

'천하의 멍청이.' 시험지를 돌려받은 간디가 교수에게 말했다.

"교수님, 저의 시험지는 채점이 안 되어 있고 교수님 사인만 있는데요?"

이처럼 간디는 곤란한 상황을 맞이했을 때 기지와 재치를 발휘하여 이를 헤쳐 나갔으며, 후에 비폭력 평화주의자로 인도의 독립운동을 견인하고 인권운동을 주도하며 역사의 한 페이지를 장식했다.

간디와 같은 기지와 재치가 있다면 연애도 일도 사회생활도 모두 성공적으로 유지하면서 지혜가 이끌어 가는 주도적인 삶을 영위할 수 있을 것이다. 그러나 기지와 재치는 하루아침에 생기는 것이 아니므로 여러 방면에서 자신의 수준을 한 단계 한 단계 끌어올릴 수 있는 자신만의 사다리 패러다임을 계획하고 분석하여 성취해 나가는 것이 중요하다.

당신 자신이 차별화된 극소수의 하이클래스로 살고 싶다면 당신의 패러다임을 그 수준으로 혁신해야 하고 많은 책을 읽고 정보를 수집하고 경험하면서 말의 기술과 인간관계의 기술과 성공하는 사람들의 습관으로 자신을 끊임없이 무장하고 단련해 가야 한다. 모든 것이 지식과 지혜에서 비롯되기 때문이다.

당신만의 사다리 패러다임에 도전하기 위해 철저하고 과감한 용단을 내리고 성취를 향한 꾸준한 전진을 이어가야 하는 것이다.

뛰어난 기지와 재치로 골목에서 살아남은 식당 이야기가 있다.

작은 골목에 식당이 있었는데 사람들이 날마다 길게 줄을 서는 유명한 맛집이었다. 그것을 지켜보던 다른 사람이 그 옆에 식당을 내고 간판을 이렇게 내걸었다.

〔세계에서 가장 맛있는 집〕

그러자 사람들이 그쪽으로 몰려가 줄을 서기 시작했다. 그리고 얼마 후, 세계 식당에 맞서는 다른 집이 나타났다.

〔우리나라에서 가장 맛있는 집〕

사람들은 또다시 이 집으로 옮겨가 줄을 서기 시작했다. 그러자 이를 지켜보던 또 다른 사람이 더 기발한 간판을 걸었다.

〖이 동네에서 가장 맛있는 집〗

이번에도 역시 우리나라 식당에 줄 서던 사람들이 철새처럼 동네식당으로 옮겨갔다. 그런데 얼마 후 추종을 불허할 최강자가 나타났다.

〖이 골목에서 가장 맛있는 집〗

골목 식당의 승자는 결국 세계도 우리나라도 동네도 아닌 골목 식당이었다. 골목 식당의 다음 간판은 이제 청년, 그대들의 몫이다.

우리는 지금 대변혁의 시대에 살고 있다. 지구를 향하던 시선이 우주를 향하고, 공상이 현실이 되는 '메타버스' 가상현실 플랫폼이 폭넓은 확장을 이루고 있다. 전 세계가 또 다른 차원의 대이동을 하고 있는 것이다.

지금이야말로 당신의 생각과 시선이 시대적 변화와 흐름에 편승하여 당신만의 기지와 재치로 가야 할 길을 뚫고 나갈 시점이다. 가고 싶은 길, 그리고 평생 함께하고 싶은 당신만의 한 사람을 찾는 노력들도 속도를 내야 한다.

## 결혼과 비혼이 대립할 때 통을 넓혀라

비혼주의가 늘고 있다는 뉴스에 당신의 귀가 팔랑거릴 때, 그리고 불확실한 시대의 조류가 당신을 헷갈리게 하고 있을 때 누군가는 예식장에 입장하며 당신보다 앞선 창조적인 한 발을 내딛는다는 사실을 직시해 보라. 당신이 머뭇거리고 있는 사이 당신보다 시작이 한 발 빠른 다른 사람들이 이미 당신을 앞서기 시작할 것이다.

무슨 일에든 황금시대가 있고 황금 시간이 있다. 결혼과 비혼의 문제는 특히 더 그렇다. 결혼을 망설이다가 황금시대는 가고 황금 시간은 잃어버리게 된다. 확실치 않은 막연한 미래를 그려보면서 결혼인지 비혼인지를 결정하지 말고 지금 당장 현실 쪼개기부터 시작하라.

현실 쪼개기로 나의 현재 상황을 도표로 만들어서 분명한 길을 정하는 것이 중요하다. 나의 현재 상황과 내가 되고 싶은 미래를 그대로 도표화해서 계획을 세워 보라. 그 결과로 현재 내가 처한 상황이 결혼인지 비혼인지를 보라는 것이 아니라 내가 하고 싶은 미래를 최대한 정확히 설계해 보라는 얘기다. 나의 황금 시간을 잡기 위해서다.

결혼과 비혼은 철저히 당신의 선택에 달려 있다. 당신이 무엇을 선택하든 빠른 결정과 현명한 선택을 하지 않으면 떠오르는 아침 해와 같던 당신의 황금기는 한낮을 지나 점점 석양의 시간으로 가게 될 것이다. 당신의 삶이 송두리째 달라지는 다른 길을 걷게 되는 것이다.

지금 이 책을 읽고 있는 당신은 어쩌면 아직 젊거나 어려서 알 수 없을지도 모르겠다. 그래서 얼마 전 만났던 한 사람의 이야기를 소개해 보려 한다. 물론 이런 이야기를 접하고 무엇을 얻을 것인가는 철저히 당신의 자유이고 당신의 몫이라는 전제하에 소개한다.

어느 날 갓 마흔이 되었다는 독신주의 여성이 사무실에 찾아왔다. 마주 앉아 차 한 잔을 나눴는데 그분의 눈에 살짝 눈물이 고이더니 말이 이어졌다.

"돈 버는 데 치중해서 바쁘게 살다 보니 누군가 옆에 있지 않은 것이 편하고 좋았어요. 3개월 전부터인가 공허함과 외로움이 느껴지고 친구들에게 전화해도 각자의 삶이 바빠 예전처럼 만나고 싶을 때 만날 수가 없더라고요. 문득 어떤 부분인가가 멈췄다는 느낌이 드는 거예요. 주위를 둘러보니 나를 좋아했던 사람도 내가 좋아하던 사람도 다 떠나고 커다란 운동장에 덩그러니 혼자 서 있다는 것을 깨닫게 되었어요. 갑자기 두려운 생각이 들어서 오늘은 특별히 용기를 내어 찾아뵙게 되었습니다. 어릴 때는 돈과 건강만 있으면 가정이 필요 없다고 생각해서 비혼주의를 선언하고 살았는데 요즘에는 몸도 잘 아프고 일상적인 수다를 함께 나눌 수 있는 사람도 점점 줄어들다 보니 좀 무서워진달까 누군가 내 편이 돼 주고 함께 웃어 줄 편안한 동반자가 있으면 좋겠다는 생각이 들었어요."

그는 내게 시간을 돌릴 수만 있다면 몇 년만 돌리고 싶다고 했다. 그래서 그 시간으로 돌아가면 무엇을 하고 싶냐고 물었더니 자기를 좋아했던 사람들과 자기가 좋아하던 사람들을 다시 만나보고 싶다고 했다. 정말 그렇게만 될 수 있다면 얼마나 아름다운 해후가 될 것인가. 그러나 냉정하게 말해서 그럴 확률은 제로다. 설사 다시 만난다고 하더라도 그들은 각자 그때와는 다른 삶을 살고 있을 테니 이미 다른 길을 가는 모르는 사람이 되는 거다.

지금 당신의 나이를 떠올려 보라. 당신의 나이가 이 여성이 소원하던 것처럼 몇 년 더 어린 나이라면 더욱 진중하게 생각해 보기 바란다. 타산지석(他山之石)이라는 말처럼 이 여성의 독백을 보면서 내가 느끼는 바가 있다면 그 느낀 것을 그대로 거울삼아 시행착오를 겪지 않으면 되는 것이다.

지금 당장 나의 계획 쪼개기를 체크해 보라. 그중에서 허세나 막연함이 포함되어 있다면 과감히 버릴 것을 권한다. 이 여성의 고민이 몇 년 후 당신의 고민이 되지 않기를 바라기 때문이다.

결혼이든 비혼이든 가장 중요한 것은 미래를 읽을 줄 아는 당신의 능력이고 당신의 그릇 크기다. 당신의 마음과 시각의 통을 넓혀야 한다.

"사람의 독처하는 것이 좋지 못하니 내가 그를 위하여 돕는 배필을 지으리라." - 성경 창세기

대다수 비혼자의 독신생활 원인은 자유라고 하지만 돕는 배필을 만나 누릴 수 있는 행복만큼 자유가 주는 행복이 클 것인지는 반드시 생각해 보아야 할 일이다.

"이 세상에서 가장 강한 인간이란 고독하그 단 혼자서 사는 인간이다." - (H.입센)

당신이 만약 이 세상에서 가장 강한 인간이 될 자신과 확신이 있다면 그렇게 하라. 그렇지 않다면 당신의 황금기를 허무하게 지나게 할 얄팍하고 어설픈 비혼의 철학 같은 것은 과감히 휴지통에 버려라.

그러면 비로소 결혼이 주는 선물이 비혼의 자유보다 얼마나 통이 크고 놀랍고 위대한지 보이기 시작할 것이다.

# 3.
# 문화 패러다임 전환을 꿈꾸다

## 👯 나의 존재를 적극적으로 알리라

나의 바운더리에 나를 제대로 알고 있는 사람이 몇 명이나 될까? 당신의 휴대전화에 저장된 사람들일지라도 당신을 제대로 아는 사람은 많지 않을 것이다. 당신의 휴대전화에는 당신의 삶 속에서 그저 스쳐 지나갔던 많은 사람과 단골 맛집에 이르기까지 다양한 사람들의 연락처가 가감 없이 그대로 저장되어 있을 테니 말이다.

당신의 바운더리에서 당신과 관계된 사람들을 들여다보고 스스로 두 가지 자문을 해 보라.

'내가 이 사람과 어떤 관계인가?'

'내가 이 사람과 어떤 관계로 발전하고 변화시켜 갈 것인가?' 그런 자문을 하다 보면 단순히 알았던 것으로만 지나쳐 갈 사람과 나와 많은 시간을 함께할 사람으로 분류될 것이다. 그 사람 중에는 나와 동갑내기도 있고 선배나 후배 혹은 나이가 많은 사람이나 적은 사람도 있고 남자도 있고 여자도 있고 스승도 있고 제자도 있을 것이다.

그게 누구이든 한순간 스쳐 갈 사람이 아니고 친밀한 관계가 필요한 사람들을 분류한 후에는 인간관계에 필요한 어장관리를 시작해야 한다. 모든 일이 결국은 인간관계에서 비롯되기 때문이다.

심리학자 알프레드 아들러는 "인간관계의 고민은 전부 인간관계에서 오는 고민이다"라는 말을 했다. 최근에 인적자원을 디자인하는 사람이나 단체가 인기를 끄는 것도 그런 맥락에서일 것이다.

여기서 핵심적인 포인트는 사회적으로나 사업적으로, 또는 업무적인 파트너로 함께 갈 사람과 사적으로 나의 길을 함께 갈 동행 그룹을 별도로 분류하여 형성해야 한다는 것이다.

사회적으로는 나만의 가이드라인을 만들어 사람들과 적절한 거리를 유지하면서 내가 원하는 정도의 바운더리를 완급 조절해 가는 동행 그룹을 형성해야 하고 사적으로는 친구나 지인, 결혼과 같이 평생 나와 함께 갈 동행 그룹을 형성해야 한다.

사람을 사귀다 보면 더는 가까워지면 안 될 사람이 있고 만나지 말아야 할 사람이 있고 만났어도 멀리해야 할 사람 등 별의별 사람들을 다 만나게 되는데 항상 자기 반경의 바운더리를 분명히 하여 제대로 된 그룹을 형성해 가는 것이 중요하다.

내가 아는 사람들의 그룹을 제대로 형성하여 관계 설정을 분명히 해야 하고 그다음은 나에게 꼭 필요한 동행 그룹에 나의 존재를 제대로 알려야 한다. 어떤 그룹에서든 존재감이 없다는 것은 가장 슬픈 일이므로 존재감을 확실히 할 당신만의 노하우를 찾고 그 속에서 인간관계 설정을 이어가야 한다.

그렇다면 무엇부터 시작해야 할까?

우선은 당신의 존재를 부각시켜라. 당신의 존재와 위치를 알려야 한다. 그럼 어떻게 알릴 것인가. 당신이 가장 하고 싶은 일이 무엇인지를 정하고 그 일을 할 수 있는 곳을 찾아 리스트를 작성하고 그 리스트에 있는 곳 중에서 당신의 수준과 능력에 적합하다고 생각되는 곳을 찾아가 당신 자신에 대해, 마치 인트로 영상을 만드는 것처럼 당신을 소개할 수 있는 기회를 만들어라.

이를테면 당신의 꿈이 애니메이션이나 게임이나 방송이라고 한다면 그 분야에 가서 아르바이트부터 시작하라. 그 아르바이트는 당신이 평생 그 일을 직업으로 삼게 될 수도 있으므로 당신에 대해 가장 잘 소개할 수 있는 인트로 영상을 제작하는 것과 마찬가지다.

적절한 곳에서의 아르바이트는 단순히 돈을 버는 것을 넘어서 인간관계를 설정하고 당신 능력의 최대치를 보여줄 수 있는 장이 될 수 있다는 것에 주목할 필요가 있다. 아르바이트 기간 동안 연결된 관계를 통해 당신의 길이 견인될 수도 있기 때문이다.

성경의 "사람이 등불을 켜서 말 아래에 두지 아니하고 등경 위에 두나니 이러므로 집 안 모든 사람에게 비치느니라"라는 말씀처럼 당신의 빛이 모든 사람에게 비쳐 당신의 존재를 인지하도록 하려면 당신 자신이 비쳐질 수 있는 곳에 당신을 위치시켜야 한다.

그건 오로지 당신 자신만이 할 수 있는 일이고 철저히 당신 자신의 영역에서만 가능한 일이다. 당신이 얼마나 영역을 넓힐 수 있는 역량이 있는 사람인지는 당신 자신의 노력에 달려 있고 그 노력에 대한 점수는 스스로 냉철하게 채점해야 한다.

나는 여기서 당신의 적극성을 체크해 보라고 하고 싶다.

내가 가서 나를 알리지 않는 한 나를 접할 기회나 나를 알아 갈 기회가 없는 사람들은 숨은 보석 같은 나를 모를 수밖에 없다.

당신이 만일 당신의 바운더리에서 자신의 영역을 넓혀 가는 일을 하지 않고 그저 당신의 책상에 앉아 있기만 한다면 당신의 시간은 당신의 책상 밑에서 조용히 당신의 나이만 플러스해 갈 것이다.

## 내 인생에 전문가를 개입시켜라

얼마 전, 우리나라 초대형 수족관을 관리하는 아쿠아리움 전문가를 만날 일이 있었는데 그와의 만남은 참으로 신선했다.

그의 일상은 아침부터 저녁까지 오직 물고기만을 생각하고 출장도 여행도 물고기 때문에 간다고 했다. 날마다 물고기의 특성을 분석하여 형질과 특성에 맞는 종류끼리 물고기를 넣고 수온과 조명을 맞추고 수초와 돌을 넣어 해양 생물들의 서식처와 가장 근접한 환경을 조성하면서 관리한다고 했다.

수질 조절은 물론 물의 순환과 먹이와 청소에 이르기까지 수조를 완벽하게 관리하여 물고기가 가장 잘 살 수 있는 환경을 만들어 낸다는 것이다. 그뿐만 아니라 가장 아름다운 환경을 만들기 위해 조명과 수족관 디자인을 항상 연구하고 관람객들의 동선까지 고려하여 고객 감동으로 마침표를 찍는 것이 그의 일과를 마무리하는 것이라고 했다. 수족관 일을 어찌나 사랑하는지 그의 모든 생각이 수족관에 있고 수족관은 곧 그가 살아가는 이유 같아 보였다.

나는 아쿠아리스트와의 그날 만남이 오랫동안 마음에 남아 있다. 그리고 그의 일상과 나의 일상이 물고기와 결혼이라는 테마로 많이 닮아 있다는 생각이 들었다.

결혼도 아쿠아리스트가 전문적으로 키우고 돌보는 물고기와 같을 수 있다. 집에서 물고기를 키우다가 결국 포기하게 된 경험이 누구한테나 한 번쯤은 있을 것이다. 아마도 물고기의 성향이나 환경을 완벽하게 파악하지 못하고 키운 것이 원인이었을 것이다. 결혼과 선택도 이와 마찬가지다.

나의 결혼이라고 나 혼자 고민하라는 법은 없다. 아쿠아리움과 같이 전문가와 함께하면 더욱 폭넓고 안전하며 다양한 곳에서 나와 가장 잘 맞는 짝꿍을 찾아낼 수 있다. 전문가는 나 대신 나의 한계를 뛰어넘게 하고 객관적으로 완벽히 분석하여 가장 적절한 짝을 찾아내기 때문이다. 보다 폭넓은 선택권이 주어지고 다양한 사람들과 만날 수 있음은 물론이다. 그러므로 나와 전문가가 함께 협동 플레이를 하는 것은 매우 탁월한 방법이다.

지금은 어떤 분야이건 전문가 시대라는 것을 그 누구도 동의하지 않을 사람은 없을 것이다. 그렇다면 그 특별하고도 엄청난 과제인 결혼의 환경을 내가 적극적으로 만들어 나가는 것은 너무나 당연한 일이다.

인간의 환경은 학업을 마치고 나면 결혼이라는 과제가 찾아오게 마련이다. 사람의 흥망성쇠가 달린 것이 결혼이라는 사실을 주변에서 많이 보고 깨달았을 것이다. 그렇다면 그림을 그려 보라. 그리고 생각해 보라.

결혼에 대한 나의 그림이 별다른 지식 없이 집에서 키우는 작은 어항 같은 것인지 아니면 거대한 꿈을 키우는 초대형 아쿠아리움 같은 것인지, 선택은 본인만이 할 수 있다. 어떤 선택을 하든 간에 결혼이라는 이 엄청난 인생 프로젝트는 결코 소홀해서도 안 되고 어설퍼서도 안 된다.

"구하라 그리하면 너희에게 주실 것이요 찾으라 그리하면 찾아낼 것이요 문을 두드리라 그리하면 너희에게 열릴 것이니 구하는 이마다 받을 것이요 찾는 이는 찾아낼 것이요 두드리는 이에게는 열릴 것이니라." - 성경 마태복음

이것보다 확실한 정답은 없다. 기도로 구했다면 찾기도 하고 두드리기도 해야 한다. 두드린다는 것은 적극적으로 찾아 나서는 것인데 본인과 전문가가 함께 찾으면 어마어마한 시너지(synergy)를 기대할 수 있다.

전문가에게 찾아가는 일은 안전한 아쿠아리움에 나를 맡기는 것과 같아서 내가 원하는 것들을 충족할 수 있고 내게 딱 맞는 내 짝을 만날 수 있는 확률이 가장 높은 곳에 나를 노출하는 일이다. 서로에게 걸맞는 짝을 찾기 위해 전문가들은 여러 번 검증 단계를 거치고 최상의 답안을 당신 앞에 제시하게 된다.

당신이 할 수만 있다면 전문가들과 친해져라. 가장 빠른 시간에 가장 좋은 것으로 당신 자신이 만족할 수 있는 퍼즐을 완성하게 될 것이다.

실제로 우리 회사에도 자주 차를 마시러 와서 매니저들과 친하게 지내는 청년이 몇 명 있다. 얼마 전에도 한 청년이 담당 매니저와 친해져서 차를 마시면서 농담을 주고받다가 매니저가 농담처럼 던진 사람과 만났는데 만나고 보니 본인의 이상형이어서 바로 결혼에 성공하기도 했다. 이렇게 성공한 몇몇 부부들이 지금도 매년 결혼기념일 즈음에 한 번씩 들러 담당 매니저를 만나고 가기도 한다.

이처럼 전문가와의 만남은 내 인생의 꽃을 활짝 피우기 위한 탁월한 선택이 될 수 있다. 전문가를 찾아갈 이유와 용기가 생겼다면 당장 실행해 보기 바란다.

당신의 일정표에 구체적으로 적어 넣고 진한 색으로 밑줄을 그어 보라.

단언컨대, 당신이 전문가를 만날 결심을 하고 신발을 신고 출발하는 그 순간부터 당신의 삶은 달라지기 시작할 것이다.

## 누가 퍼스트 펭귄이 될 것인가

인공지능에 이어 가상현실인 메타버스까지 모든 변화가 빠르다. 그리고 빠른 변화의 중심에는 청년들이 있다. 변화가 빠를수록 생각의 속도가 빨라져야 하고 그 속도에 맞춘 패러다임 전환도 병행되어야 한다.

교회가 걷는 동안 청년은 뛰고 있고 교회가 뛰기 시작하면 청년은 날아간다. 교회가 벽돌을 옮기면서 새 성전을 짓는 동안 청년들은 가상현실 공간인 메타버스를 통해 이미 성전을 완공하고 정원에 나무 심기까지 끝낼 수 있는 역동성, 그게 우리가 지금 사는 세상이고 청년의 문화다.

이제는 그런 준비를 잘하는 교회가 청년들의 손을 잡을 수 있게 된다.

청년들이 쓰는 언어와 청년들의 놀이, 그리고 그들만의 리그로 형성되는 다양한 문화를 교회가 이해하지 못한다면 청년들과의 간극이 커져서 소통되지 않는 교회로부터 점점 더 멀어질 것이고 교회 밖으로 향하는 저항의 공백도 커질 수밖에 없다.

이제 교회는 신앙과 문화라는 양대 산맥의 균형 감각을 살려서 청년들의 눈높이에 맞춰 함께 공감하는 능력을 기르는 것이 최대의 관건이다.

나는 지금까지 수백 명의 청년과 많은 대화를 나눴는데 청년들이 가장 많이 고민하는 공통분모가 결혼이라는 것을 알게 되었다. 그렇다면 교회가 재미있고 좋은 프로그램을 만들어서 청년과 청년을 연결하고 교회와 교회를 연결하는 연대를 결성한다면 가정적으로나 사회적으로 선한 영향력을 끼치는 어마어마한 동력이 될 것이다.

청년들이 아름다운 결혼으로 행복한 가정을 이루어 생육하고 번성하여 땅에 충만하게 되면 가정과 사회가 건강해지고 교회와 국가가 동반 성장하게 됨은 물론이다.

그러기 위해서는 부모의 역할이 매우 중요하다. 부모가 결혼 적령기의 자녀들에게 매일 속사포와 같은 잔소리를 쏟아내거나 팔짱 끼고 뒷전에서 방관만 해서도 안 된다. 인생 선배로서 경험자로서, 먼저 결혼의 길을 걸어온 어른으로서 자녀들이 현실을 직시할 수 있도록 이정표가 되어 주어야 한다.

삶의 잔잔한 경험담들을 들려주고 자녀들이 결혼의 아름다운 결실을 간접적으로 경험할 기회들을 만들어 주어야 한다. 그것이 자녀들에게 응원군이 되어주는 진짜 역할이다.

반면, 교회는 청년들의 니즈(needs)를 정확히 파악하여 청년들이 흥미롭게 다가갈 수 있는 현실적인 프로그램을 만들어 내야 한다. 청년들의 웃음소리가 끊이지 않고 교회에 머물 수 있도록 성공적인 프로그램으로 청년들을 초대해야 한다. 그것이 청년 수련회여도 좋고 결혼 예비학교나 데이팅 세미나, 가정사역 세미나여도 좋다.

청년들에게 아름다운 결혼을 견인하고, 이미 결혼하여 깨질 위험이 큰 가정은 봉합하는 기회로, 이혼 가정이나 아픔을 겪고 있는 가정은 회복의 기회로 만들어서 어찌하든 교회가 행복한 결혼의 교두보 역할을 담당해 가야 한다. 그것이 곧 시대적 요청이고 그런 공동체의 비전은 곧 건강한 문화가 된다.

펭귄 사회에는 '퍼스트 펭귄'이 있다. 육지에 사는 펭귄들이 먹잇감을 얻기 위해 바닷속으로 뛰어들어 먹이 사냥을 시작할 때 바닷속에는 바다표범이나 범고래와 같은 펭귄의 천적들이 즐비해서 죽음의 공포를 느끼고 뛰어들기를 주춤거린다.

이때 용감하게 가장 먼저 빙하 속으로 뛰어드는 퍼스트 펭귄이 있다. 퍼스트 펭귄이 뛰어들면 그 뒤를 이어 다른 펭귄들이 용기를 얻어 순식간에 물속으로 뛰어들게 된다. 퍼스트 펭귄은 수많은 펭귄 무리가 순간의 공포를 이기고 용감한 사냥꾼이 되도록 첨병 역할을 해 주는 것이다.

이제 교회가 퍼스트 펭귄이 되어야 한다. 길을 묻는 청춘들에게 길을 터 주고 고개 숙인 청춘들에게 어깨를 토닥여 주고 결혼하고 싶은 청춘들에게 오작교를 놔 주는 그런 아름다운 한국 교회로 자리매김 해야 한다.

교회는 청년들에게 칠흑 같은 어둠에도 반짝이는 길라잡이 등대가 되어야 한다. 청년들이 망망대해에서 그 불빛을 보면서 방향을 잡아가도록 상호 공존의 연대를 결성해 가야 하는 것이다.

교회가 교회 될 때 비로소 청년들은 함께 호흡해야 하는 공존의 이유를 찾게 될 것이다.

## 3.2.1 법칙으로 인간관계 기술을 단련하라

3분 동안 듣고, 2분 동안 맞장구치고, 1분 동안 말하라.

대화의 기술에서 말하는 3.2.1 법칙이다.

성공하는 사람들의 대다수는 인간관계의 법칙을 잘 알고 실행하는 사람들인데 3.2.1 법칙은 기본 중에서도 기본이라고 할 수 있으나 의외로 아주 기본적인 대화의 기술조차 습득하지 못한 사람들이 많아서 종종 당황스러울 때가 있다.

사람과의 관계에서 간극을 좁히는 것은 자기주장에 앞서 다른 사람의 의견을 얼마만큼 동정적으로 이해하면서 소통의 대화를 이끌어 갈 수 있느냐에 따라 달라지는 것이다. 그러므로 사람과의 관계에서 자신을 먼저 깊이 성찰할 수 있는 마음의 여유가 있는 사람이라면 그 사람은 이미 성공 가도를 달리고 있는 사람일 가능성이 크다.

사람과 사람의 관계나 사회성, 협상 테이블 등 어디에서든 그 사람이 하는 말은 생각의 옷이 되어 그 사람이 입고 있는 옷만큼이나 중요하다는 사실은 굳이 되풀이하지 않아도 인지하고 있을 것이다.

가끔 상담을 위해 찾아오는 사람 중에 자신의 이야기를 할 때 길고 산만한 이야기를 끝도 없이 하는 사람이 있다. 그 사람은 자신이 하는 말에 자신이 취해서 나중에는 본질을 잃어버릴 정도로 핵심도 없이 중언부언 시간을 낭비한다.

현명한 자는 긴 귀와 짧은 혀를 가지고 있다는 말이 있다. 듣기는 많이 하고 말하기는 짧게 하는 습관을 길러서 긴 대화로 상대를 하품 나게 하는 일은 없도록 해야 한다. 그렇지 않으면 지루한 당신을 피하고 싶어 하는 사람들이 점점 더 늘어나게 될 것이기 때문이다.

평소 가깝게 지내는 내과 의사 친구가 있는데 그 친구를 만나면 환자를 상담하면서 생긴 에피소드를 듣게 된다. 그중에는 웃지 못할 이야기가 참 많다.

어느 날 할머니 감기 환자가 왔는데 한두 마디만 해도 이미 알아들었을 증상을 한마디라도 더 해야 좋을 것 같아서 그러는지 무려 20분을 넘게 설명했다.

할머니의 단어 표현력은 상상 초월이었는데 머리가 쏙쏙 쑤시고 폭폭 쑤시고 지끈지끈 후끈후끈 콜록콜록 훌쩍훌쩍…. 그야말로 똑같은 말을 끝도 없이 반복했다. 말을 끊으려고 했지만, 도저히 끊어지지 않았고 20분이 지나서야 말이 끝났다.

마침 그 할머니 바로 뒤에 혈압 환자가 기다리고 있었는데 막상 그 환자 차례가 왔을 때는 너무 오래 기다린 탓인지 혈압이 더 올라서 귀까지 빨개져 있었다. 병원의 단골 환자였는데 그날 기다리면서 화가 나서 그런지 그 이후로는 다시 병원에 오지 않았다.

이처럼 때와 장소를 가리지 않고 계속 자신의 말만 하거나 자기주장이 강해서 일방적으로 말을 많이 하는 사람들을 보게 되는데 그런 사람들과 마주 앉으면 그 말이 언제 끝날지 몰라서 하품이 저절로 나오고 말을 끊어보려 해도 끼어들 틈조차 주지 않는다. 그러면 일방적으로 말을 듣고 있던 상대는 그 사람을 다시는 만나고 싶지 않은 사람으로 분류할 수밖에 없게 된다.

일방적으로 말을 많이 하는 사람들은 대화의 내용에도 핵심이 없는 경우가 많다. 말 많은 것도 힘든데 본인 이야기뿐만 아니라 본인의 가족부터 지인에 이르기까지 상대방이 알지도 못하는 사람들의 일상을 끝도 없이 이야기하는 경우도 있다. 이런 사람들을 만날 때 당신이라면 어찌하겠는가. 아마 나중에는 전화 받기도 망설여지거나 두려워하게 될 것이다. 그러므로 고개를 절레절레하게 만드는 주인공이 당신이 아니길 바란다.

말 한마디는 남 앞에 자기의 초상을 그려놓는 것이라는 말이 있듯이 간단명료하게 전달할 수 있는 말의 능력을 수련하는 것은 당신의 됨됨이와 수준을 나타내는 당신만의 의상을 고르는 것과도 같은 것이다.

당신의 말이 당신의 인생을 바꿔놓을 수도 있는 어떤 결정적인 순간들이 올 수도 있으므로 평소에 대화의 기술과 습관을 격조 있게 단련해야 한다.

  당신의 대화는 사회생활 속에서 더 많은 사람을 당신의 편으로 만들 수 있는 도구로 작용하기도 하고 당신을 더 매력적인 사람으로 평가받게 하는 기준이 되기도 하지만 반면에 당신의 언어로 인해 많은 사람이 멀리 달아나기도 한다는 사실을 명심해야 한다.

  3분 동안 듣고 2분 동안 맞장구치고 1분 동안 당신의 말을 하는 매력적이고 이상적인 당신으로 완성해 가기를 바란다.

# PART II

# BEST 결혼 솔루션 7단계

1. 이해하다

2. 함께하다

3. 나아가다

***

　필자는 성경 출애굽기 3장을 묵상하다가 하나님께서 고통받는 이스라엘 백성들을 구원하시는 과정을 보면서 7단계 솔루션을 완성하게 되었다. 7단계 솔루션이 고뇌하는 청춘들에게 해법이 되고 위로가 되고 미래가 되길 바라는 필자의 갈망이 오롯이 전달되길 바란다.

***

"야훼께서 이르시되 내가 애굽에 있는 내 백성의 고통을 분명히 **보고**
그들이 그들의 감독자로 말미암아 부르짖음을 **듣고**
그 근심을 **알고**
**내가 내려가서**
그들을 애굽인의 손에서 **건져내고**
그들을 그 땅에서 인도하여
아름답고 광대한 땅, 젖과 꿀이 흐르는 땅,
곧 가나안 족속, 헷 족속, 아모리 족속, 브리스 족속, 히위 족속,
여부스 족속의 지방에 **데려가려** 하노라
이제 가라
이스라엘 자손의 부르짖음이 내게 달하고
애굽 사람이 그들을 괴롭히는 학대도 내가 보았으니
이제 내가 너를 바로에게 보내어 너에게 내 백성 이스라엘 자손을
애굽에서 인도하여 내게 하리라."

# 1.
## 이해하다

## 1단계 > 보고

### 뛰어난 안목으로 바뀌는 세상을 경험하라
### -본다는 것에 대하여-

무엇이든지 단초를 마련하는 것이 중요하다.

미국 아이오와주에 있는 작은 시골 마을에서 교회학교 교사가 길을 지나고 있었다. 제법 늦은 시간이었는데 네 명의 소년이 거리를 배회하고 있는 것을 보고 그들에게 다가가 말을 걸었다. 그러고는 돌아오는 주일에 교회에서 만나기로 약속을 하고 헤어졌다. 며칠 후, 소년들은 약속을 지켰고 그 교사는 그날부터 그들에게 철저한 신앙 훈련과 성경 공부를 시키기 시작했다. 그러면서 수년이 흘렀고 소년들은 성인이 되어 한 명씩 시골 마을을 떠나기 시작했다. 그렇게 소년들은 각자 제 갈 길을 갔고 시간이 흘러 교회학교 교사는 어느새 은퇴를 앞두고 있었다.

교회학교 교사가 60세 생일이 되던 날, 네 통의 편지가 도착했다.

"선생님이 그때 저희에게 가르쳐 주신 성경 말씀을 통해 역경을 잘 극복하고 있습니다. 감사드립니다." 이 편지의 주인공 중에는 중국 선교사도 있고 미국 연방은행 총재와 대통령 비서실장도 있었다. 그리고 미국 31대 대통령 후버가 그중 한 명이었다.

늦은 시각 방황하던 아이들에게 올바른 길을 갈 수 있도록 단초를 마련한 것이 미국과 세계를 움직이는 훌륭한 인물들을 배출하게 된 초석이 된 것이다.

그 교사와 같은 마음으로 청년들을 바라보는 것은 매우 중요한 일이다.

천상첩지(淺嘗輒止)라는 말이 있다. 얕게 맛보고 곧바로 그만둔다는 뜻인데 일단 나는 청년들을 만나면 청년들의 시야가 많이 열려서 좀 더 많은 것을 보고 생각할 수 있도록 돕는다.

겉으로 보는 세상과 들어가 본 세상이 다름을 알려주고 화려한 결혼과 아름다운 결혼이 인생을 어떻게 바꾸는지를 이야기한다. 연애든 결혼이든 크고 작은 트러블이 생기는 대다수의 논제가 틀림이 아니라 다름을 이해하지 못하는 데서 시작되는 것이므로 작은 이해와 상식들이 모여 큰 행복이라는 퍼즐을 완성해 간다는 사실을 항상 강조한다.

내가 항상 청년들의 시야를 넓히기 위해 공을 들이는 이유는 각자의 시야가 얼마나 많이 열리느냐에 따라서 인생에서 최고의 결정체가 될 결혼과 그 이후의 결혼생활이 얼마나 반짝일 수 있는지 결정되기 때문이다.

시야가 열려서 세상을 좀 더 넓게 볼 수 있는 안목이 생기면 어떤 남자가 좋은 남자인지, 어떤 여자가 좋은 여자인지 비로소 보이기 시작한다.

모든 것이 포장이 벗겨질 때 진짜가 나타나듯이 화려한 포장지를 벗긴 모습을 볼 수 있는 시야를 확보하여 진흙 속에서 반짝이는 진주를 찾는 법을 가르쳐 주는 것이 그 어떤 선물보다 큰 선물이 될 것임을 알기에 나는 항상 마음이 바쁘다.

보는 것에는 두 가지 축이 있다. 내가 남을 보는 것과 남이 나를 보는 것, 내가 남을 볼 준비가 되었으면 이제 남이 나를 보게 될 준비를 해야 한다.

사람을 처음 볼 때는 어쩔 수 없이 생김새와 언어, 차림새로 판단할 수밖에 없다. 한눈에 보아도 위엄과 지성과 성공과 영향력을 나타내 보이고 싶다면 '파워 드레싱'으로 당신의 옷차림을 완성하는 것도 중요한 일이다.

비즈니스맨이나 커리어우먼의 파워슈트를 눈여겨보고 당신의 수준을 당신이 원하는 높이로 끌어 올려야 한다. 파워룩 차림의 당신이 회의나 협상 테이블에 앉았을 때 위엄을 나타내고 권위가 돋보이는 모습을 항상 상상하고 언제나 당당한 모습으로 자신을 완성해 가야 한다.

때때로 당신의 파워룩은 당신의 지성과 함께 훌륭한 협상 파트너

역할을 해줄 것이고 전략이 되기도 하고 경쟁력이 되기도 할 것이다. 그러나 한 가지 유의할 점은 노출이 많은 클리비지 룩을 파워룩과 혼동하면 안 되고 명품이 곧 파워룩이라고 착각하면 안 된다. 당신의 개성과 신분을 충분히 반영하여 돋보일 수 있는 당신만의 패션 센스가 곧 파워룩이다.

  패션은 물론 다방면에서 뛰어난 안목을 길러서 급변하는 세상에 현명하게 대처하는 자만이 앞서갈 수 있게 된다.

  분명한 자기 정체성을 가진 당신이 지성에 패션 센스까지 돋보인다면 당신의 가치가 최고점을 찍는 어떤 특별한 순간이 반드시 오게 될 것이다.

## 2단계 > 듣고

### 큰 귀로 듣고 공감하는 코끼리가 되어라
-듣는다는 것에 대하여-

웃기지만 슬픈 일화가 있다.

고학력자 남편을 만난 중졸 아내가 있었다. 아내는 참으로 지혜가 충만하고 착하고 성품이 좋아서 주변 사람들로부터 많은 칭찬과 존중을 받았다. 그런데도 아내는 그것에 만족하지 않고 자기가 아는 것이 적음을 인식하고 무엇이든 열심히 배우고 자신을 채워 가는 것에 게으르지 않았다.

그럼에도 불구하고 남편은 그런 아내의 진가를 몰라주고 항상 아내가 부족하다고 생각하여 아내가 무슨 말을 하기만 하면 입버릇처럼 이렇게 말했다.

"당신이 뭘 안다고 그래."

아내는 항상 그 말을 들으면서 마음에 상처를 받았지만, 워낙 착한 성품을 가진 아내는 항상 아내로서의 소임을 다했다. 그러던 어느 날 남편이 중병에 걸려 죽게 되었다. 의사가 마지막 순간 흰색 천을 덮었고 남편은 관에 들어갔다. 관을 들고 가는 장례 행렬에 아내가 관 옆을 따라가고 있었는데 의식이 희미하게 돌아온 남편이 말은 하지 못하고 관뚜껑을 조금 열고 아내의 옆구리를 콕콕 찔렀다. 그러자 깜짝 놀란 아내가 손을 탁 뿌리치면서 사투리로 이렇게 말했다:"당신이 뭘 안다 그라요. 의사가 죽었다 안하요."

처음에는 이 이야기를 듣고 눈물 나도록 웃었지만 돌아서 보니 서글픈 이야기였다.

감정을 극복하는 것에는 두 가지 언어가 있다.

"그렇군요."

"그럴 수도 있겠군요."

이 두 가지 언어는 모든 토론에서 논쟁을 잠재우고 가장 빨리 평화적으로 결론에 도출하도록 이끄는 공감의 언어로서 중요한 감정 컨트롤러가 되기도 한다. 상대방의 말을 잘 듣고 동의해 주는 긍정적인 언어이기 때문이다.

"그게 아니잖아요."

"어떻게 그래요?"

이렇게 말할 때 그 말이 논쟁의 시작점이 되는 것이다.

나도 마찬가지로 청년들을 만날 때 자주 사용하는 말이 공감의 말이다.

때로는 내가 청년들과 얘기하다가 "그랬구나. 그럴 수도 있었겠구나." 하면서 차를 한 모금 마시다 보면 듣고 있던 청년의 눈에 어느새 눈물이 가득 고여 있는 경우를 보게 된다. 그만큼 청년들에게는 공감이 목마른 것이다.

우리가 어릴 때의 기억을 더듬어 보면, 울고 싶을 때 엄마가 나타나서 엉덩이를 토닥이면서 "그랬어요?" 하고 역성들어 주면 그 한마디에 울음을 빵! 터뜨렸던 기억들이 있을 것이다. 그게 바로 공감이다.

청년들의 소리를 듣고 마음을 읽어 주고 고개를 끄덕여 주는 것이 소통이고 공감이므로 나는 항상 큰 귀를 가지고 잘 듣고 공감하는 코끼리가 되리라 생각한다.

청년들이 원하는 바 니즈(needs)를 분명히 보고 듣는 것이 무엇보다 중요하다는 것을 시시때때로 깨닫는다. 얘기를 듣다 보면 왜 결혼해야 하는지를 묻는 청년도 있고 왜 여태 결혼을 못 했는지 알 것 같은 청년도 있다. 큰 귀를 열어놓으면 청년들이 진짜 원하는 것이 무엇인지 보이기 시작하고 그들이 원하는 것을 명확히 파악할 수 있어 함께 고민할 공통분모를 찾는 것이 가능해진다.

하루에 300쌍 이상이 남남이 되고 가정이 깨지는 이유도 서로 귀를 막고 있기 때문인 경우가 태반이다. 귀를 막으면 입이 막히고 입이 막히면 마음이 닫히는 연쇄 반응이 일어나는 것은 너무나 자명한 일이다. 듣는 귀가 없으니 각자 독불장군이 되는 것이고 그런 관계가 지속되면서 더 이상 함께할 의미가 없다고 느껴지는 순간에 헤어짐을 결심하게 되는 것이다. 도미노로 가정이 깨지는 결정적인 이유다.

어떤 칭찬에도 동요하지 않는 사람도 자신의 이야기에 마음을 빼앗기고 있는 상대에게는 마음이 흔들린다는 말이 있다. 잘 듣는 습관이 내 안에 자리 잡을 때까지 단련하는 연습을 쉬지 말아야 한다.

## 3단계 > 알고

### 본질이 빛나는 진짜 보석을 찾아라
-안다는 것에 대하여-

어느 날 미국 보스턴 기차역에 허름한 차림새의 노부부가 내렸다. 남편은 소박하고 허름해 보이는 느낌의 홈스펀 양복을, 부인은 빛바랜 줄무늬 드레스를 입고 있었는데 한눈에 보아도 남루한 차림이었다. 기차역에서 내린 노부부는 곧장 하버드대학교 총장실로 향했다. 그런데 총장실에 들어서자 차림새를 훑어본 비서가 홀대하면서 말했다.

"총장님은 오늘 온종일 바쁘십니다."

그러나 노부부는 매우 예의 있게 나지막하고 부드러운 어조로 대답했다.

"그러면 기다리겠습니다."

그 후 노부부는 네 시간째 조용히 기다리고 있었다.

비서는 조금 기다리다가 포기하고 갈 줄 알았던 노부부가 계속 기다리자 당황스러워서 결국 총장에게 이들 노부부에 대해 무성의한 보고를 하게 되었다.

"잠깐만 만나 주시면 갈 것 같습니다."

비서의 말을 들은 총장이 굳은 표정으로 나오더니 노부부 앞에 앉았다. 그러자 부인이 먼저 말을 꺼냈다.

"우리에겐 하버드에 1년 동안 다닌 아들이 있었는데 1년 전에 사고로 세상을 떠났습니다. 아들은 하버드를 많이 사랑했고 학교에 가는 것을 무척이나 행복해했습니다. 그래서 아들이 그토록 좋아했던 하버드에 아들을 기념하는 기념물을 하나 세우고 싶습니다."

그 말을 들은 총장이 노부부의 차림새를 훑어보더니 기가 막힌다는 표정으로 퉁명스럽게 말했다.

"하버드에 다니다가 죽은 모든 학생을 위해 동상을 세울 수는 없습니다. 그렇게 되면 하버드가 공동묘지처럼 보이게 될 테니까요."

그러자 부인이 다시 설명했다.

"총장님. 그게 아닙니다. 동상을 세우는 것이 아니고 건물을 세울 수 있도록 기증하겠다는 뜻입니다."

순간 총장이 얕잡아 보는 눈빛으로 노부부를 다시 한번 훑어보면서 어이가 없다는 듯, 다소 격한 어조로 이렇게 말했다.

"건물을 기증하시겠다고요? 건물 한 개만 지어도 비용이 얼마나 많이 드는지 아십니까? 현재 하버드 안에는 750만 달러가 넘는 건물들이 여러 채 있습니다."

총장의 말을 들은 부인은 할 말을 잃었다가 잠시 감정을 추스른 후 조용히 남편에게 말했다.

"대학교 건물을 짓는 데 비용이 그것밖에 안 드나 봅니다. 기념 건물을 기증할 것이 아니라 대학교를 새로 건립하는 것이 좋겠습니다."

하버드 총장실에서 나온 노부부는 그 길로 곧장 캘리포니아로 향했다. 그러고는 그곳에 곧바로 대학을 건립하고 노부부의 이름을 따서 스탠퍼드 대학교로 명명했다. 오늘날 세계적인 명문으로 자리매김한 스탠퍼드 대학교의 설립 배경이다.

견자비전(見者非全)이라는 말이 있다. 보이는 게 전부가 아니라는 뜻이다.

백조의 호수를 생각해 보라. 아름다운 호수에 우아하게 떠 있는 아름다운 백조를 보면서 많은 사람이 감탄하지만 실상 백조는 물 밑에 있는 발을 쉴 새 없이 움직여야 물 밖에서 우아한 자신의 모습을 유지할 수 있다는 것이 백조의 본질인 것이다.

단지 보이는 것만으로 판단하는 선입견과 편견은 관계를 깨뜨려서 건강한 개인과 건전한 사회를 얼룩지게 만드는 원인이 되기도 한다. 특히 결혼과 같이 중차대한 일은 보이는 것만으로 판단하고 결정하면 인생을 통째로 망치게 될 수도 있으므로 보이는 것에 가려진 본질을 꼼꼼히 따져봐야 한다.

내가 청년들을 볼 때 성품과 신앙과 가정교육을 중시하는 것도 그런 이유에서다. 보이는 것이 조금 부족하더라도 본질이 보석인 사람이 있고 보석처럼 화려해도 본질이 형편없는 사람이 있기 때문이다.

화려한 색을 추구할수록 인간의 눈은 멀게 된다는 말이 있다. 화려한 겉모습만으로 평생 함께할 단 한 명의 짝꿍을 섣불리 선택하는 것이야말로 가장 어리석은 행동이다.

본질이 빛나는 보석 같은 한 사람을 선택하기 위해서는 지혜와 식견과 현명함을 겸비할 수 있는 부단한 노력이 동반되어야 한다. 그러한 노력이 꾸준히 내공으로 쌓이면 내공이 저력이 되어 결국은 당신의 탁월한 선택을 견인하게 될 것이다.

## 2. 함께하다

## 🍃 4단계 > 내려가서

선택과 집중이 시소를 타게 하라
-내려간다는 것에 대하여-

  미국의 산악인 앤드루 브래쉬의 이야기다.
  브래쉬는 평생의 꿈인 에베레스트 등정을 위해 돈과 열정을 바쳐 30년을 투자했다. 그러던 어느 날 때가 왔다. 돌풍도 많이 안 불고 날씨도 좋은 편이었으며 캠프 조건에 이르기까지 무엇 하나 부족함이 없을 정도로 에베레스트 등정을 위한 최상의 조건을 갖춘 날을 맞이한 것이다.
  브래쉬는 드디어 꿈의 등반을 시작했다. 그런데 듣던 대로 에베레스트는 인간의 나약함과 한계를 느낄 수밖에 없게 하는 절대 녹록하지 않은 험산준령이었다. 잔인할 만큼 춥고 고통스러웠으며 그야말로 죽음의 공포와 극한의 고통이 매 순간 엄습해 왔다. 그럴 때마다 브래쉬는 30년 동안 다져온 꿈이라는 일념 하나로 버티고 견디면서 오르고 또 올랐다.

그런데 브래쉬가 8,000m를 오르고 정상을 800여 미터를 남겨놓은 시점에서 마지막 힘을 쏟으려는 순간, 일생일대의 큰 갈등과 맞닥뜨린다. 하필 그 지점에서 동사하기 직전의 산악인을 발견하게 된 것이다. 그 사람을 구하려면 정상 등정을 포기해야 하는 상황이었다.

'에베레스트 고지가 바로 눈앞인데, 죽을 고생을 하면서 여기까지 왔는데…'

브래쉬는 잠시 머릿속이 엉키는 기분이었다. 30년을 꿈꿔 온 성취의 순간이 바로 눈앞에 경이롭게 펼쳐져 있었기 때문이다. 그러나 브래쉬는 곧 마음을 굳혔다. 잠시라도 망설인 것을 자책하면서 생명의 불꽃이 가물가물 꺼져가고 있던 그 사람에게 다가갔다. 생명을 구함과 동시에 에베레스트 정복은 좌절됐다. 그러나 그 어떤 것도 사람의 생명과는 바꿀 수 없는 일이므로 다른 선택은 없었다.

그날 이후, 브래쉬는 다시 좌절되었던 꿈을 다져가기 시작했다. 그리고 다시 도전하여 2년 만에 에베레스트 정복의 꿈을 이뤘다. 그리고 호주 산악인 링컨 홀을 구한 일로 생명 구조와 정복을 이룬 영웅이 되어 위대한 산악인에 선정되기도 했다.

내려간다는 것은 이런 것이다. 선택해야 할 어떤 순간에 가치 있는 선택과 포기가 무엇인지를 인지하고 무엇을 내려놓고 무엇을 버릴 것인지 용기 있는 선택을 한 브래쉬가 나중에 더 큰 것을 얻게 된 것처럼 내려가고 내려놓을 때는 분명하고 확실한 가치관을 가지고 확실한 선택을 해야 한다.

그러므로 살아가면서 선택과 집중은 여러모로 중요한 포인트가 된다.

우리가 어릴 때 타고 놀던 시소를 생각해 보라. 몸무게의 균형이 가장 잘 맞는 친구끼리 탈 때가 가장 재미있었을 것이다. 선택과 집중도 마찬가지다. 균형을 환상적으로 잘 맞출수록 재미있는 시소 타기가 될 수 있는 것이다.

당신이 결혼하기로 마음먹었다면 어떤 배우자를 선택할지 집중해야 하고 결혼을 했다면 자기가 선택한 배우자와 함께하는 것들에 집중해야 한다.

예수님도 인간의 구원을 위해서 하늘 보좌를 내려놓고 이 땅에 오셨다. 십자가의 고통을 당하기까지 인간적인 고통을 감수해야 했지만 구원을 위한 선택과 집중을 분명히 하셨기 때문에 인류 구원이 이루어진 것이다.

나의 경우, 청년들을 지속해서 만나게 되므로 청년들과 눈높이를 맞추기 위해 부단한 노력을 기울인다. 청년들이 즐겨하는 취미, 즐겨 읽는 책, 선호하는 TV 프로그램이나 인기 유튜브 채널도 챙겨 보고 실시간 랭킹 웹툰과 음악, 게임에 이르기까지 다양한 분야의 흐름을 읽는 데 집중한다.

청년들이 무엇을 원하는지 무엇을 좋아하는지를 알고 그들의 삶의 현장으로 내려가 그들과 공유하기 위해서다. 내가 내려가야 그들의 눈높이에서 소통할 수 있고 그들이 진정 원하는 것을 채워 주고 이해할 수 있기 때문이다.

  내가 이렇게 청년들의 눈높이로 내려가는 것과 나의 많은 시간을 그들을 위해 투자하는 이유는 세대 차이라는 간극을 최소화하고 보다 촘촘한 소통을 위해서다. 나의 말 한마디가 그들의 답답한 현실에 사이다로 작용할 수도 있고 때로는 목마른 사막길에 오아시스가 될 수도 있다는 확신 때문이다.

  이 땅의 모든 청년이 행복한 결혼행진곡을 울리기까지 나의 시간과 나의 모든 열정은 항상 그들을 향해 있을 것이다.

## 5단계 > 건져내고

화려한 연인보다 나를 웃게 하는 짝꿍을 만나라
-건져낸다는 것에 대하여-

미국에 잉꼬부부라고 소문난 부부가 살고 있었다. 누가 보더라도 다정하고 행복한 모습이어서 많은 이들의 부러움을 샀다. 그러던 어느 날 잉꼬부부가 이스라엘로 성지순례를 떠났다가 남편이 사고로 죽게 되었다.

이스라엘 대사관에서는 부인에게 장례를 어디서 치를 것인지 선택하라고 했다. 미국으로 돌아가서 장례를 치르면 보험 적용이 제대로 안 되고 항공료까지 지불해야 하니 3만 불은 족히 들 것이고, 이스라엘 현지에서 장례를 치르면 보험이 적용되어 3천 달러면 장례를 마칠 수 있다고 조언했다. 대사관 측은 당연히 이스라엘에서 장례를 치를 줄 알고 장례 준비도 돕겠다고 말했다.

그러나 부인은 의외의 대답을 했다.

"아닙니다. 나는 미국에 가서 장례를 치르겠습니다. 예수님이 부활하시고 살아나셨던 이스라엘에서 장례를 치르면 3일 만에 부활할 것 아닙니까?"

모두를 경악하게 한 대답이었다. 지금까지 잉꼬부부로 소문났던 두 사람이지만 사실은 원수처럼 지내면서 겉으로만 잉꼬부부로 지낸 쇼윈도 부부였다.

나는 이런 이야기를 들을 때마다 항상 마음속에 연대 책임을 느낀다. 내가 미팅하고 맺어준 청년들이 이런 종말을 맞으면 안 되기 때문이다.

실제로 쇼윈도 부부와 같은 커플을 본 적이 있다.

한 청년이 좋은 스펙을 가진 상대를 만났는데 만나면 만날수록 많은 문제점이 드러났다. 그런데도 헤어지지 않았다. 헤어지지 않는 이유는 상대를 사랑해서가 아니라 단지 체통 때문이었다. 다른 사람들이 스펙 좋은 사람과 만나고 있다는 사실을 알고 있으므로 그런 사람과 헤어졌다는 말을 듣고 싶지 않다는 것이다. 그리고 또 다른 이유도 있었다. 상대방의 좋은 스펙을 포기하고 싶지 않다는 것이다.

이 커플이 결혼하면 행복할까? 절대 그렇지 않을 것이다. 이런 커플이 결혼하게 되면 결국 상처로 만신창이가 되어 이혼율만 높이게 될 게 뻔하다.

결혼은 다른 사람들에게 자랑하기 위해서 하는 게 아니다. 결혼식 한 시간 동안 보여지는 잘생김과 예쁨을 남들에게 자랑하고 보여주기 위해서 하는 것은 더더욱 아니다. 결혼식은 그냥 약속일 뿐이고 돌아서면 바로 현실이 되고 삶이 되고 일상이 되는 것이다.

남들에게 보여주기식 선택을 하지 말고 나를 위한 선택을 해야 한다. 나의 짝이 조금 못생겼으면 어떤가. 두고두고 매력 있고 살면 살수록 함께하고 싶은 내 편이면 되는 것이다. 결혼식 날 사람들에게 보여줄 것을 상상하며 상대방의 외모 때문에 당신의 선택이 굴절되지 않게 하라. 당신을 평생 웃게 해 줄 짝꿍은 외모에서 오지 않기 때문이다. 쇼윈도 부부처럼 되고 싶지 않다면 정신을 차리고 현실을 직시해야 한다.

세상에는 나쁜 사람들이 넘쳐나지만, 그보다 좋은 사람들이 더 많이 당신 곁에 넘실거린다. 그 너울 속에서 당신을 평생 웃게 해 줄 당신만의 좋은 사람을 선택해야 한다. 그 사람이 모델처럼 잘생기거나 훤칠한 키를 자랑하는 사람이 아니어도 당신을 책임질 수 있는 책임감과 성실함과 유능함이 있고 사랑이 넘쳐서 당신밖에 모르는 매력적인 사람이면 된다.

나는 청년들에게 그런 짝을 만나라고 권한다. 가짜가 넘쳐나는 속에서 진짜를 찾는 안목이 그래서 중요한 거다. 절대 쇼윈도 소품 같은 결혼이 되지 않기 위해서는 남 보기에 화려한 연인보다 나를 웃게 하는 따뜻한 짝꿍을 만나야 한다.

나의 지인 중에도 잉꼬부부가 있는데 알고 보니 그것은 늘 공식적인 행사에 다정하게 앉아서 밥을 먹거나 이야기하는 모습이 보였기 때문이고 실상 집에서는 남편이 아파도 손 한번 잡아 주는 일이 없고 외출을 했을 때도 걸음걸이가 느린 남편을 저 뒤에 두고 혼자 빠른 걸음으로 가버린다는 것이다.

더 놀라운 사실은 얼마 전 남편이 퇴직했는데 부인이 남편의 퇴직금으로 한마디 상의도 없이 얼굴 전체를 성형수술 했다는 것이다. 도대체 이 부인은 누구를 위해 성형수술을 한 것일까?

그 부부 이야기를 들으면서 나는 억장이 무너지는 느낌이었다. 나의 지인은 내게 그런 고백을 하면서 너무 외롭다며 눈물을 보였다.

그런 이야기를 들을 때마다 마음이 씁쓸하지만 그럴수록 나는 더 정신을 차리고 청년들을 만나는 일에 집중한다. 내게 찾아오는 모든 청년이 제대로 된 짝꿍을 만나야 이런 비극을 겪지 않을 것이고 제대로 된 길을 터 주는 것이 나의 일이고 사명이기 때문이다.

지금 당신의 주변을 돌아보라. 생각만 해도 편안해지고 만나면 자꾸만 웃게 되는 그런 사람이 있다면 그 사람이 당신의 짝꿍일지 모른다.

## 3.
## 나아가다

## 6단계 > 인도하여

악어는 갈고리로 낚지 않는다
-인도한다는 것에 대하여-

한 사람이 전 세계를 움직이는 역사를 썼다.

미국 루스벨트 대통령은 30대에 물에 빠지는 사고로 소아마비 진단을 받고 중도 장애를 입었지만, 뼈를 깎는 고통을 견뎌내며 재활하여 겨우 걸을 수 있게 되자 대통령에 도전해 무려 4선을 지냈다. 리더십 등 여러 가지 탁월함이 있었기에 4선까지 가능했겠지만 실제로 그런 인물이 될 수 있도록 용기를 주고 그림자 내조로 뒷받침을 해준 핵심적인 조력자는 부인 엘리너 루스벨트 여사였다.

루스벨트는 대통령이 아닌 평범한 남편이었을 때 부인 엘리너에게 이런 질문을 했다고 한다.

"내가 다리도 온전하지 않은데 대통령으로 나가도 될까? 내가 이래도 당신은 나를 사랑하나요?"

부인이 대답했다.

"당연히 대통령으로 나가셔도 되지요. 나는 당신의 예전 인생도 미래 인생도, 그리고 못쓰게 된 당신의 다리까지도 사랑한답니다. 나도 어릴 때 어렵게 살았잖아요. 만일 내가 1달러짜리 지폐라고 한다면 아마도 그걸 쥐어짜면 눈물밖에 안 나올 거예요. 당신이 대통령이 되어서 나와 같은 백성들의 눈물을 닦아 주세요."

루스벨트의 심금을 울린 부인의 말이 결국 루스벨트를 대통령으로 인도하는 동력이 되었다. 그리고 루스벨트는 대통령이 되어 미국 최악의 경제공황을 뚫고 나갔다. 경제공황보다 더 무서운 건 두려움이라고 생각하고 그 두려움을 물리치도록 하나님께 기도하면서 당당히 미국 경제를 살린 대통령이 된 것이다.

절차탁마(切磋琢磨)라는 말이 있다. 학문과 도덕과 기예 등을 열심히 갈고 닦는다는 뜻인데 어렵게 살았던 부인이 어릴 때부터 갈고 닦은 인품과 수양으로 남편을 뒷전에서 잘 밀어주고 힘을 준 덕분에 남편은 세계를 이끌어 가는 대통령이 되었고 세계 역사가 기억하는 훌륭한 족적을 남기게 되었다.

한 사람의 영향력이 얼마나 무궁무진할 수 있는지 생각하게 해 주는 일화다.

나는 종종 내가 만나는 사람들과 이야기를 하거나 리더십 강의를 할 때 '해님과 바람'이라는 이솝우화에 대해 자주 이야기한다. 이 이야기는 친구 관계, 연애 생활, 결혼생활, 사회생활에 이르기까지 삶

속 어느 곳에나 적용되면서 진가를 나타내는 진리라는 생각이 들기 때문이다.

어느 날 해와 바람이 내기를 한다.

두툼한 옷을 입은 신사가 거리를 지나가고 있었는데 누가 먼저 신사의 두툼한 외투를 벗길 수 있는지 겨루는 것이었다.

먼저 바람이 시작했다. 엄청난 힘을 과시하면서 어마어마한 광풍을 일으켰다. 그러자 신사는 옷을 벗기는커녕 더 단단히 옷깃을 여몄다.

이번에는 해가 나설 차례였다. 해는 조용히 나서서 따뜻한 햇볕으로 신사를 계속 비추었다. 그러자 신사의 이마에 땀이 송골송골 맺히기 시작하더니 더위를 이기지 못한 신사가 외투를 벗었다.

강력한 광풍이 아닌 따사로운 햇볕의 승리였다.

'해님과 바람' 이야기는 우리가 살아가는 데 필요한 메커니즘을 제대로 응축시킨 이야기다.

청년들과 이야기를 나누다 보면 관계가 흐트러져 힘들어하는 모습을 많이 보게 되는데 이 동화는 특히 그런 친구들에게 답이 된다.

나의 지인 중에는 별명이 악어인 사람이 한 명 있다. 언론과 정치를 두루 섭렵하고 본인의 일에 관한 한 최강자인 사람이다. 그런데 그의 친한 친구 중에 목사가 한 명 있는데 이 목사가 볼 때는 악어 친구가 똑똑하고 일 잘하고 돈도 잘 벌고 무엇 하나 부족함 없는 것처럼 보여도 항상 스트레스가 많고 마음 한구석에 갈등과 공허함이 가득 차 있다는 것을 알고 있었다.

그러던 어느 날, 악어 친구에게 돈 문제가 생겨서 자동차를 바꾸려던 돈을 다 날려버리는 일이 생겼다. 이 일로 그 친구가 절망에 빠져 있을 때 목사 친구가 있는 돈을 다 긁어모아 자동차를 사서 친구에게 보냈다. 그리고 차 안에 이런 메모를 남겼다.

"이번 주일날 이 차 타고 우리 교회에서 만나자. 나도 악어 낚시 좀 해 보자."

목사 친구는 결국 성공적으로 인간 악어를 낚았고 교회 생활은 물론 사회 봉사와 이웃 사랑에 이르기까지 헌신적으로 봉사할 수 있는 '악어 길들이기'에 돌입했다.

이처럼 한 사람의 생각이 세계를 지배할 수도 있고 한 사람의 판단이 인간 악어를 낚을 수도 있다는 것은 가슴 깊이 새겨 볼 일이다. 광풍이나 갈고리 같은 것으로는 절대 사람을 얻을 수 없는 법이다. 당신과 함께할 평생 짝꿍도 이렇게 낚아야 한다.

## 7단계 > 데려가다

### 벗겨지지 않는 황금 콩깍지를 찾아라
-이루게 한다는 것에 대하여-

　명문 대학교에서 석사를 마치고 교직원으로 근무하는 능력 있는 여자 청년이 있었다. 우리 회사에 매니저를 만나러 오는 친구를 따라왔다가 미팅 중에 들은 말에 감동하여 즉시 가입하게 된 회원이었다. 처음에는 그가 능력이 좋은 만큼 자기와 비슷하거나 월등히 나은 조건의 남성을 만나고 싶어 할 것이라는 선입견이 있었으나 대화를 나누면 나눌수록 정말 겸손한 여성이라는 생각이 들었다.
　그는 기독교인으로서 신앙을 중요하게 생각했고 서로 대화가 잘 통하는 부분을 중시했다. 그동안 여러 사람을 만나고 헤어지는 연단의 과정을 거치면서 이런 기준이 생긴 것이라고 했다. 그래서 상대방의 화려한 프로필에 끌려 선불리 판단하기보다는 우선 만나서 대화를 나눠 본 후 결정하겠다고 생각하고 있었다. 대화를 나누면 나눌수록 따뜻한 남자를 만났으면 좋겠다는 생각을 하게 만드는 사람이었다.

우리 회사 회원 중에 모든 매니저가 '엄지척'을 할 만큼 성품이 좋은 목사님이 계셨는데 매니저들은 그 여성에게 목사님을 추천하고 싶다고 했다. 목사님 역시 명문대 석사를 졸업하고 책도 많이 읽어서 상당히 지적이었고 성품이 너무 좋은 분이었다. 그러나 첫인상에 호감을 주기에는 외모가 정말 안타깝게 느껴질 정도였다. 배가 많이 나오고 이마와 손등에 혹처럼 섬유종이 있었으며 대머리였다. 그래도 목사님은 한 번도 위축된 적이 없고 항상 믿음이 확실하고 말투는 언제나 겸손하고 사랑이 넘쳤다.

이 여자 청년은 지금까지 전문직이나 대기업의 남성들만 소개받았었는데 그런 사람이 경제적인 여유가 없는 목회자를 만나려고 할까 하는 생각이 들었지만, 목사님이 워낙 성품이 좋고 다방면에 해박한 분이어서 그 여성과 통할 것 같은 생각이 들었다.

목사님의 스타일과 경제력에 대해 여성에게 설명했더니 여성은 우선 대화를 나눠 보는 게 좋겠다며 미팅 시간을 잡자고 했다. 서울 어느 별다방에서 처음 만났는데 여성은 정말 본인이 좋아하는 스타일은 아니라고 했다. 그런데 대화가 너무 잘 통하고 편안해서 처음 만난 날에 시간 가는 줄 모르고 세 시간 가까이 이야기를 나누었다고 한다. 나오는 길에 목사님이 그 자리에서 다시 만나자고 했고 여성은 거절하기도 뭣하고 답변을 줄 때까지 목사님이 안 가실 것 같은 기세로 바라보셔서 우선은 알겠다고 하고 헤어졌다는 것이다.

그러고 나서 여성이 두 번째 만나러 가는 날이었다. 여성은 왜 우리가 더는 만날 수 없는지에 대한 다섯 가지 이유를 준비하고 나갔는데 거꾸로 목사님은 뜰에서 여성이 걸어오는 모습을 보고 이 사람이 나의 배우자가 될 거라고 확신했다고 한다. 여성이 카페에 앉아서 다섯 가지 이유를 하나씩 이야기하기 시작했는데 목사님은 이유를 들을 때마다 너무 아무렇지 않게 이렇게 대답했다.

"괜찮아, 그것도 괜찮아, 내가 더 많이 사랑할게."

이런 의미의 말들로 다섯 가지 이유를 모두 매듭지어 갔다.

이후 두 사람은 만날 때마다 항상 말씀을 묵상하고 대화를 많이 하는 데이트를 하기 시작했는데 목사님 입장에서는 기도하며 응답을 받았던 배우자와 꼭 맞는 조건이라고 했다.

여성도 목사님의 확고한 마음과 헌신적인 사랑, 편안하고 배려 깊은 성품, 그리고 서로 너무 잘 통하는 대화에 마음을 열기 시작했다.

어느 날은 여성이 목사님의 어릴 때 사진을 보고는 깜짝 놀랐다고 한다. 어릴 때 모습을 보니 놀랍게도 평생 꿈꿔온 이상형의 외모라는 것을 알게 되었다는 것이다. 그리고 내게 찾아와서 매우 수줍게 목사님 사진을 내밀면서 이렇게 말했다.

"제 눈에는 정말 잘 생겼어요. 제 이상형이에요."

진정한 황금 콩깍지는 이런 것이 아닐까 싶었다.

두 사람이 결혼을 준비하게 되면서 크리스천이 아닌 여성의 아버지가 목회자와의 결혼을 반대할 것을 걱정했으나 목사님 성품이 정말 초인적인 온유함의 소유자이기도 하고 기도를 많이 하는 분이라 부모님을 만나러 가기 전에 기도를 많이 했고 가서도 긴장 안 하고 대화를 잘 이어 나갔다.

여성의 부친은 족보를 매우 중요하게 생각하는 분이었는데 놀랍게도 목사님은 족보에도 능통해서 '족보'라는 주제로 대화가 엄청나게 잘 통하게 되었다고 한다. 서글서글하게 어른을 잘 공경하고 다방면의 지식에 족보까지 꿰뚫고 있었던 목사님은 흔쾌히 결혼 승낙을 받게 되었다.

두 사람의 아름다운 전개를 보니 어느 수도원의 일화가 생각났다.

심한 눈보라가 치던 어느 날, 수도원을 찾아오던 사람들이 허허벌판에서 길을 잃게 되었는데, 한 사람이 쓰러지자 어떤 사람이 그 사람을 업고 갔고, 업고 간 그 사람만 쓰러진 사람의 체온 때문에 얼어 죽지 않았다는 이야기이다.

그 업고 갔던 사람이 아마도 목사님 같은 사람이었을 것이다.

황금 콩깍지는 이렇게 찾아가는 것이다.

*Grace Marriage Consulting Story*

# PART III

# 바보 같은 파산과 천재 같은 성장

- 그레이스메리지컨설팅 스토리

1. 뿌리 내리다

2. 자라다

3. 열매 맺다

기독교 기업 1위를 기록한
그레이스메리지컨설팅의 창업부터 경영까지

바보 같은 파산과 천재 같은 성장, 나는 이렇게 일어섰다

리얼 크리스천 CEO가 말하는 성공 기반

## 1.
## 뿌리 내리다

## 역경 속에 핀 꽃이 아름다운 이유

내가 군 생활을 하던 시절에는 군기를 잡는다는 이유로 별의별 일들이 벌어졌다. 친구 중에 공수부대원이 있었는데 그 친구는 선임에게 혼쭐이 날 때마다 일기를 쓰듯 내게 한바탕 하소연을 하곤 했다. 그중에 특별히 기억에 남는 것들이 있다.

불볕더위가 한창이던 여름날, 소대장이 이런 명령을 내렸다.

"각자 아이스크림 100개를 사 올 것. 시간은 10분을 준다."

주어진 시간 10분이면 날아가도 모자랄 판이었고 돈도 없었던 군인들에게는 불가능한 명령이었다. 모두가 설왕설래하면서 당황하는 사이에 순식간에 10분이 지났고 이병, 일병, 상병, 병장에 이르기까지 내무반 전원이 한자리에 도열했다. 그런데 이상한 것은 이병만 빼고 일병과 상병과 병장들은 모두 나뭇가지를 꺾어 한 다발씩 들고 있었다. 소대장이 등장하자 이병부터 한 명씩 보고를 시작했다.

이병들은 땀을 뻘뻘 흘리며 떨고 있었고 각자가 생각해 낸 각양각

색의 이유를 달아 보고를 시작했다. 그런데 이병들이 진땀을 흘리면서 보고를 하는 동안에도 일병부터 병장까지는 모두 여유로워 보였다. 이병들의 보고가 끝나자 일병부터 보고가 시작됐는데 일병부터는 일사천리였다. 꺾어온 나뭇가지 다발을 꺼내 놓으면서 이렇게 말했다.

"날씨가 너무 더워서 오는 길에 다 녹았습니다!"

기가 막힌 지혜였다. 그날 이병들만 운동장을 수십 바퀴 도는 벌을 받았다.

나는 그럴 때마다 군 생활도 역시 눈칫밥과 지혜라는 결론을 얻었다. 그러고 나서 며칠 후 또 하나의 웃지 못할 사건이 터졌다.

기름 창고에 쥐가 들락거린다면서 쥐를 잡으라는 명령이 떨어졌다. 그건 너무 자주 있는 일이고 매우 귀찮은 일이었다. 그래서 한 날은 이 지긋지긋한 들쥐를 어떻게 괴롭힐까 궁리하다가 화형 시키기로 마음먹고 기름 창고에 들어온 커다란 들쥐를 잡아 꼬리에 불을 붙였다. 그러자 꼬리에 불이 붙은 들쥐가 기름 창고 안을 마구 뛰어다니기 시작했다. 순식간에 기름 창고가 폭발하게 생긴 일촉즉발의 위기 상황이었다. 불붙은 쥐를 잡기 위해 빛의 속도로 뛰어가 평소에 그토록 싫어하던 쥐를 온몸을 날려 끌어안고 겨우 위기를 넘겼다. 그러고 나서 다리가 풀려서 한참 동안 움직일 수가 없었다. 단순히 화형만 생각하고 불붙은 들쥐가 뛰어다닐 것이라고는 생각지 못한 바보 같은 짓이었다.

이렇게 이곳저곳에서 경험담을 듣거나 직접 부딪혀 가는 사이 나는 점점 영리한 군인이 되어가고 있었다. 그 덕분에 상사에게 꾸지람을 듣거나 얼차려를 받는 일이 드물었고 군 생활에 놀랍게 적응해 가고 있었다. 그러나 어느 날 내게도 큰 위기 상황이 찾아왔다.

신병교육대 조교였던 나는 신병교육대 안에 교회가 없어서 매 주일 민간인 교회로 다녔는데 한번은 교회에 갔다 왔더니 내무반이 썰렁한 느낌이었다. 그래서 보니 모두 일렬로 서 있고 내무반장이 나를 기다리고 있었다. 내무반장이 다짜고짜 내게 말했다.

"앞으로 교회 다니지 말든가, 계속 교회 다니고 맞아 죽든가, 둘 중 하나 택해라."

순간 너무 당혹스러웠지만 나는 분명하게 대답했다.

"맞아 죽어도 교회는 가야 하겠습니다."

그러자 바로 주먹이 날아오기 시작했다. 맞다가 실신하면 쉬었다가 또 맞기를 반복했다. 이렇게 맞다가 죽을지도 모른다는 생각이 들었지만 맞으면서도 나는 교회에 가는 것이 사명이라는 생각에 절대 번복하지 않았다.

예수에 미친 놈이라면서 계속 때렸고 나중에는 엉덩이에 난 피 때문에 팬티와 살이 달라붙어 짓이겨져서 팬티를 살에서 떼내야 할 정도였다. 그렇게 맞고 나서 엉금엉금 화장실에 들어가 통곡하며 기도했다.

그날부터 나는 '예수에 미친 놈'이라는 별명이 붙었다.

얼마 후, 신병교육대 군종병을 뽑게 되었는데 신학대학 다니다 온 동기들이 있었지만 공공연하게 나를 지목하면서 말했다.

"야, 신학교 나온 거 가짜야. 예수에 미친 저놈이 진짜다."

그렇게 나는 군종병이 되었다. 군종병이 된 후로는 공식적으로 주일과 수요일에 50명가량을 인솔하여 민간인 교회에 다니게 되었고 사단사령부에서 대대마다 교육하는 일을 담당하면서 군 생활을 무사히 마쳤다.

그런 호된 군 생활은 제대 후에도 내게 큰 자산이 되었다.

옳다고 생각되면 죽도록 매를 맞으면서도 소신과 사명으로 버텼던 군대에서의 일이 나를 더 단단하게 만들었기에 사회에 나와서도 소신과 사명이 분명한 사업가로 자리매김할 수 있었다.

그뿐만 아니라 군종병을 하면서 아침부터 체계적으로 빨리빨리 하는 습관이 생기다 보니 그 습관이 나를 아침형 인간으로 만들어서 지금도 하루를 새벽에 시작하고 있다. 역경 속에 핀 꽃이 아름다운 이유다.

## 빈털터리 제로베이스 청년

28세 청년 시절에 호기롭게 시작했던 타이어 총판 대리점이 잘되어 매일 휘파람을 불 만큼 좋은 시절을 보냈다. 성공한 청년 사업가로서 어디를 가든지 주목받기 시작했고 무엇 하나 부러울 것이 없었다. 그런데 어느 날 작은 문제가 생기면서 사업이 삐걱거리기 시작하더니 일순간에 걷잡을 수 없을 만큼 내리막길로 치닫기 시작했다. 금방 해결될 것으로 생각했던 문제들이 눈덩이처럼 커지면서 아침에 눈 뜨기가 무서울 만큼 힘겨워졌다.

20대 순수 청년이던 내가 감당하기에는 세상은 너무 냉철하고 험했다. 급기야 억대 부도라는 어마어마한 태풍 앞에서 열심히 모아 왔던 돈도 하루아침에 날아가 빈털터리가 되었고 고향 용인에 내려가 부모님 땅을 팔아 부도를 해결해 보려 했지만, 그것도 한계가 있었다.

한순간에 모든 것이 무너지고 모든 상황이 변해서 잘나가던 청년 사업가는 옛이야기가 되었고 나는 그냥 하루아침에 무일푼 가난뱅이 청년이 되었다.

  내 힘으로는 더 이상 할 수 있는 게 없었고 오늘 뜨는 태양도 어제의 태양이 아닌 것 같았다. 아무런 의욕도, 다시 일어날 힘도 남아 있지 않았다. 나는 그냥 죽기로 결심하고 무작정 차를 타고 강원도 오달리 해수욕장으로 향했다. 그리고 그곳에서 유유히 흐르는 바다를 보면서 가장 먼저 유서를 쓰고 생애 마지막 기도를 시작했다.

  바닷가 백사장에 앉아 죽을 결심으로 3일간 기도하는데 그동안 내가 걸어 왔던 길이 주마등처럼 스쳐 가기 시작했다. 한때는 군대에서 매질도 두렵지 않을 만큼 예수에 미친 놈 소리를 들었던 군종병이었는데 그 믿음은 다 어디 가고 이 모래알 하나만큼의 믿음도 내게 남아있지 않단 말인가. 나는 도대체 무엇을 좇으며 살아왔는가. 내가 사업을 한다고 하면서 신앙생활을 소홀히 하고 사업에만 몰두했기 때문에 고난이 찾아온 건 아닌가. 수많은 생각들이 뇌리를 스쳤다. 그러면서 3일째 저녁을 맞았다.

  백사장에 앉아 노을을 보고 있는데 수평선 아래로 가라앉는 노을빛이 어찌나 아름다운지 크신 하나님과 나의 작음이 한순간에 교차하면서 오늘까지 내가 살아있음이 내 의지에 의한 것이 아니고 하나님의 은혜였다는 가슴 벅찬 감동이 밀려오기 시작했다. 갑자기 폭발할 것 같은 뜨거움이 내 생각과 감정과 온 마음을 사로잡았다.

  "그래. 죽고자 하는 마음이 있다면 그 마음으로 다시 살아 보는 거야. 이 태양을 지게 하시는 그 크신 하나님이 다시 뜨게도 하실 테니 내가 다시 예수님께 미쳐 살았던 그 시절 믿음으로 돌아가 그 얼굴을 구하면 날 다시 돌아봐 주실지도 모른다. 반드시 그러실 거다."

그야말로 삶과 죽음이 교차하는 순간이었다. 그날 밤을 그렇게 벅찬 감격 속에 보내고 심기일전하여 다음 날 새벽 서울로 향했다. 차창 밖으로 보이는 바다는 어제의 바다와 달랐고 그렇게 무서울 만큼 너울대던 파도도 오늘은 잔잔한 강같이 느껴지면서 세상이 온통 내 편이 된 것만 같았다.

변한 건 그뿐만이 아니었다. 서울에 올라와 보니 환경도 변해 있었다. 내가 죽을 각오로 기도했더니 하나님이 일하신 게 분명했다. 내려가기 전까지는 돈을 갚으라고 그토록 협박하고 공격했던 사람들이 갑자기 내 진심을 알아주기라도 하는 듯 이렇게 말했다.

"벌어서 갚으세요."

"반만 갚으세요."

그러고 나서 기다려 주었다.

그때부터 나는 다시 용기와 희망을 품게 되었고 더욱 열심히 노력하여 신뢰를 쌓아 나갔다. 결국 그 신뢰를 바탕으로 10년 만에 모든 빚을 청산할 수 있었다.

한때 고공행진을 하던 시절이 있었지만, 한순간 바닥까지 떨어져 내려 빈털터리 '제로베이스' 청년이 되었던 그 고뇌의 시간은 오히려 나를 더 단단하게 만들었고 다시 한 계단 오를 수 있는 밑거름이 되었다.

내 삶의 이정표가 하나님이라는 것을 알게 된 후로는 시시각각 내 길의 나침반이 하나님을 향해 있는가를 점검한다. 때때로 부하게도 하시고 빈하게도 하시는 하나님을 절대 신뢰하기 때문이다.

## 회사 운영의 지표가 된 세계선교 동행

누구에게나 살면서 보람 있었던 일들을 꼽아 보라고 하면 몇 가지 좋은 기억을 떠올릴 것이다. 내게도 그런 일이 몇 있는데 그중에서도 가장 기억에 남는 것은 21년 동안 전 세계 구석구석을 돌아본 일이다.

여의도순복음교회를 창립했던 조용기 목사님이 지구를 몇 바퀴 돌 만큼 해외 성회를 많이 다니셨는데 나는 사업가로서 실업인 선교 연합회에 소속되어 해외선교에 동행하기 시작하면서 21년 동안을 꾸준히 복음 전하는 일에 동참했다.

세계 여러 나라를 돌아다니는 동안 헤아릴 수 없을 만큼 많은 것들을 보고 경험했지만, 그중에서도 세계인이 찬양으로 하나가 되는 모습은 정말 인상적이었다.

생김새와 피부색이 다르고 언어가 제각각이어도 복음이라는 이름으로 함께 모여 하나님을 찬양할 때는 마치 세계가 한민족인 것처럼 가슴이 벅차올랐다. 그리고 앉은뱅이가 일어나고 말 못하는 사람이 말을 하고 휠체어를 타고 왔던 사람이 멀쩡하게 걸어 나가는 모습을 볼 때마다 하나님의 위대하심 앞에 저절로 무릎을 꿇을 수밖에 없었다. 하나님의 크심과 나의 작음이 절절하게 느껴지는 순간들이었기 때문이다.

이런저런 모양으로 전 세계 다양한 사람들과 선교사님들을 만나고 직접 보고 들으면서 나는 항상 나 자신에게 한 가지 질문을 반복하게 되었다.

"어떻게 살아야 잘 사는 것인가."

이런 질문은 구체적인 삶의 방향을 결정하게 했고 사업의 방향성을 분명하게 했다. 그리고 모두를 윤택하게 하는 방법을 고민하게 만드는 내 삶의 지표가 되었다.

세계 3대 빈민촌에 갔을 때는 저절로 고개가 숙여졌다. 우리가 지금 얼마나 좋은 나라에 살고 있고 얼마나 풍요로우며 얼마나 많이 가졌는지 누가 가르쳐주지 않아도 알 수 있었다.

눈물 없이는 만날 수 없는 쓰레기 더미 속의 가난하고 처절한 사람들에게 준비해 간 선물을 나눠 주었을 때는 평생 나누는 정신으로 살겠다고 마음속 깊이 다짐했다. 그리고 그 다짐은 나의 아이들과 내가 만나는 모든 사람에게 나눔의 삶에 대해 제대로 가르치고 알게 해 주는 지침서가 되었다.

인도와 브라질에 갔을 때는 사람들이 너무 많이 모여 강단으로 가는 길이 막혀서 헬기를 타고 강단에 내린 적도 있었다. 그만큼 사람들은 갈급했고 끊임없이 복음을 갈망했다. 다시 한번 세계는 넓고 할 일은 무궁무진하다는 것을 깨닫는 순간순간이었다.

때때로 사업적으로 바쁠 때는 해외선교 동행을 망설이기도 했다. 그러나 과감하게 믿음으로 다녀오고 나면 내가 하나님 일을 할 때 하나님은 내 일을 해 주신다는 것을 체험하게 되는 일들이 종종 일어났다.

한번은 선교지에 가기 전에 크고 중요한 계약이 있었는데 계약 조건이 어찌나 까다로운지 여러 차례 미뤄지고 번복되면서 엎치락뒤치락 매우 민감한 상황들이 계속되었다. 그런데 하필 그때 선교 일정이 겹치게 되어 고민이 매우 깊었다. 당장 계약 성사를 위해 무엇인가를 더 준비해야 할 수도 있고 재협상이 있을 수도 있고 그야말로 계약의 성사 여부가 촌각을 다투고 있었기 때문이다. 그렇지만 기도하고 나서 고민을 내려놓기로 했다.

계약되어도 주님 뜻이고 안 되어도 주님 뜻이라는 담대한 믿음으로 선교 일정에 합류하는 용단을 내렸다. 선교지에 가서도 시간 나는 대로 기도에 전념했다. 그런데 역시 하나님은 멋있게 일하셨다.

돌아와 보니 며칠 사이에 모든 계약 조건들이 순조롭게 해결되어 있었고, 도착하자마자 계약서에 도장을 찍을 수 있었다. 몇 날 며칠 말썽을 부리던 까다로운 조항 때문에 양쪽 회사가 밀당을 하고 있었는데 내가 선교지에 가 있는 동안 상대 회사에서 양보하기로 하여 며칠 사이에 극적으로 계약이 성사된 것이다. 다른 말이 필요 없는 상황이었다. 하나님이 일하신 게 분명했다.

그렇게 해외선교어 동참하는 동안 사업적으로도 풍요롭고, 형통해져서 별다른 걱정 없이 아내도 뿔라찬양대 선교 단원으로 동행할 수 있었다.

여러 해 동안 해외선교를 통해 얻은 값진 경험들이 삶 속 윤활유가 되어 어떤 중요한 일들을 기획하거나 결정할 때마다 나누고 베풀고 공유하는 삶의 가치를 기조로 삼게 되었다.

그 덕분에 회사 운영 방침도 나눔과 공유는 중요한 지표가 되고 있다.

## 🎗 파도가 높을 때는 깊은 물 속이 잔잔하다

보험 업계에서 전설처럼 자리 잡으며 이름값을 톡톡히 해내고 있던 내게 어느 날 갑자기 낯설고 냉혹한 변화의 파고가 다가왔다.

은행과 보험회사가 상호 제휴로 업무 협력을 하게 되면서 '방카슈랑스'라는 금융계 대변혁을 일으켰고 보험회사에서만 팔던 보험을 은행 창구에서도 팔기 시작했다.

그때부터 나의 질주는 주춤거리기 시작했는데 공교롭게도 그때는 내게 많은 재정이 필요한 시기였다.

기러기아빠로 살고 있었던 나는 미국 시애틀에 초등학교 5학년 딸 은혜, 중1 아들 노아와 함께 아내는 커브난트에서 신학을 공부하고 있어서 생활비와 학비로 많은 돈을 미국으로 보내야 했기 때문에 그 어떤 이유로도 주춤거릴 만한 시간적 여유나 경제적 느슨함이 허락되지 않는 시기였다.

그뿐만이 아니었다. 어린아이들에게 아빠로서의 존재감과 자리매

김이 필요할 때여서 한국에서 두 달 살고 미국에서 한 달 살기를 반복하면서 피곤한 이중생활을 하고 있었다. 게다가 미국에서는 강도를 만나거나 교통사고를 당하는 일이 있어서 양쪽을 다 돌보기가 버거웠지만 그래도 재정적인 여유 때문에 버틸 만했다. 그러나 한국과 미국을 오가다 보니 보험 업무의 흐름이 끊어져서 25년 동안 다져온 분야임에도 불구하고 사람들과의 연결이나 관계가 소원해지기 시작하고 사회적 분위기까지 급변하면서 탄탄하던 사업에 균열이 생기기 시작했다.

설상가상으로 환율까지 올라서 미국에 보내야 할 학비와 생활비는 늘고 수입은 줄어서 그야말로 진퇴양난의 기로에 서게 되었다. 몇 개월 동안은 모아 놓은 돈으로 버티고 현금 서비스도 받았지만, 곧 한계가 왔고 당장 다른 돌파구를 찾아야 할 상황에까지 이르렀다.

몇 날 며칠 밤잠을 설치고 고민한 끝에 사채를 빌릴 수밖에 없다는 결론을 내리고 일단 사채를 조금 얻어 미국에 돈을 보냈다. 그리고 그다음 달에도 사채로 해결했다. 그러면서 다달이 사채가 늘어나 열 군데가 넘는 곳에서 사채를 빌리기 시작했는데 워낙 높은 이자로 빌리다 보니 불과 몇 개월 만에 빚쟁이가 되어 독촉 전화에 시달리기 시작했다.

매일 반복되는 지긋한 일상이 마치 지옥 같았다. 밤에 잠들어 있는 잠깐의 시간이 내게는 유일한 쉼이고 천국이었다.

지나가다 노숙자를 보면 나도 저렇게 되겠구나 싶었고 누군가 한

강에 뛰어내렸다는 뉴스를 보면 저게 남의 일이 아니라는 생각이 들기도 했다. 이제 내 인생 끝났다는 생각에 나도 뛰어내리고 싶은 충동이 일기도 했고 뛰어내리는 상상을 하기도 하면서 극한 고통의 시간을 보냈다.

파산에 이르기까지 무려 5년 동안이나 고난의 시간이 계속되었고 내가 내 힘으로 해 보려고 발버둥 치면 칠수록 더 깊은 수렁으로 빠져서 더는 떨어질 만한 곳이 없을 정도가 되었다. 지칠 대로 지친 나는 내 안에 내가 없고 그냥 껍데기만 왔다 갔다 존재할 뿐인 상태까지 되었다. 그러던 어느 날 밤, 이상한 일이 생겼다.

문득 올려다본 밤하늘 어둠 속에 불 켜진 빨간색 십자가가 있는데 그 십자가를 보는 순간 놀라운 평안함이 마음속에 다가오기 시작했다. 지금까지 단 한 번도 느껴보지 못했던 평안함이 온몸을 덮으면서 어찌나 따뜻하고 평안하던지 나를 버렸던 세상이 갑자기 다 내 편이 된 것만 같고 모든 만물도 다 내게 위로를 전하는 느낌이었다. 이게 도대체 무슨 상황인지 이해할 수가 없었다.

그때 주님이 조용히 내 마음속에 다가오셨다. 사업에 열심을 쏟고 주님을 멀리했던 지난날이 주마등처럼 스쳐 가면서 내가 주님께 소홀하고 등지고 있을 때 주님은 언제나 그 자리에서 나를 지키고 버리지 않으셨다는 것을 알게 하셨다.

그 순간 감격의 눈물과 콧물이 뒤범벅되기 시작하면서 몇 시간을 주님 앞에 엎드려 울고 또 울었다. 그런데 엎드려 있는 동안, 마치 약을 바른 것처럼 마음속 상처들과 무거운 짐들이 순식간에 벗겨지기 시작했다.

그토록 힘겹고 괴롭고 감당 못 할 높고 무서운 파도가 내 인생을 휘돌아 갔고 그 높은 파도에 쓸려 깨지고 넘어져서 내 힘으로는 더는 어찌할 수 없는 깊은 곳까지 가라앉아 내려왔는데 나중에 보니 그곳에 주님이 계셨다.

고난의 파도가 높을수록 내 안에 깊이 계시는 하나님을 만나는 것이 정답이었는데 많은 시간을 돌고 돌아 상처투성이가 되어서야 알았다.

파도가 높을 때는 깊은 물 속이 잔잔하다는 것을….

## 2.
## 자라다

## 최고의 자리에 서다

 청년 사업가로서 일찍이 인생의 쓴맛을 경험하게 된 나는 심기일전, 상경 후 무언가 빨리 돈을 벌 수 있는 새로운 길을 찾기 위해 부단한 노력을 거듭했다. 여기저기 알아보기도 하고 발품도 많이 팔았지만 마땅한 직장을 구하기는 쉽지 않았다. 그러던 어느 날 신문광고 구직난에 큼직하게 적힌 광고를 보게 되었다.

 '보험 대리점 모집, 능력만 있으면 얼마든지 돈을 벌 수 있다.' 이 광고 문구를 보는 순간 어디선가 섬광이 번뜩이는 느낌이었다. 우선은 큰돈이 없어도 되는 것이어서 지금 내 형편에 이것처럼 딱 맞는 조건은 없을 것 같았다. 어차피 다른 선택이 없었기 때문에 적극적으로 알아본 후 모든 조건에 맞는 준비를 시작했고 열심히 공부해서 자격증도 취득했다. 그리고 드디어 꿈에 그리던 보험 대리점을 개점하는 데 성공했다.

 첫 출근하던 아침은 그야말로 새 인생을 시작하는 것처럼 설레고 가슴 한켠에서는 뜨거운 집념이 다시 끓어오르기 시작했다. 출근하자마자 사업에 대한 분명한 그림을 그리자는 생각에 큼지막한 노트를 펴 놓고 구체적인 계획을 적은 후 분명한 철칙 한 가지를 세웠다.

"내가 아는 사람들과 일가친척들은 절대로 찾아가지 않는다. 반드시 내 힘으로 새로운 길을 개척해 간다."

이런 철칙을 세운 이유는 처음 보험 사업을 시작하는 사람들의 대다수가 가장 먼저 지인과 친인척들에게 찾아가서 마음의 상처를 입고 그만두는 경우가 많다고 들었기 때문에 실패를 방지하기 위한 것이었다.

이런 철칙을 세우다 보니 같이 시작한 다른 사람들보다 더 많이 뛰고 더 큰 노력을 해야 했다. 낯모르는 사람들에게 다가가고 낯선 회사에 들어갈 때마다 사람들의 냉랭한 태도와 거절감에 얼굴이 후끈거리고 정체성이 흔들릴 만큼 자존심이 상해서 여러 차례 좌절을 겪기도 했다. 그러나 내가 택한 길이니까 그런 것을 견뎌내는 것도 나의 몫이라는 생각으로 마음을 다잡고 집념으로 다시 일어서고 또 일어서는 연습을 매일 반복했다.

그러다 보니 얼마나 많이 걸어다녔는지 새 신발을 사도 순식간에 낡아서 다시 사야 할 정도로 상상 초월 열심을 냈다. 그러면서 깨달은 사실 한 가지는 땀의 대가는 정직하다는 것이었다.

내가 땀을 흘린 만큼 나의 실적 그래프가 눈에 띄게 쭉쭉 올라갔고 낯선 사람들이나 처음 찾아간 회사들과도 신뢰가 쌓이기 시작하면서 나를 찾는 사람들이 늘어나고 어느 순간부터는 실적 그래프가 기하급수적으로 높이 올라가기 시작했다.

나는 나를 믿어주는 사람들이 고마워서 더 열심히 노력하고 설계하기 시작했다. 나를 믿어주는 사람들에게 딱 맞는 맞춤 설계를 해주는 것이 보답이라그 생각했기 때문이다. 내가 해 준 보험설계로 인해 그들의 미래가 든든히 보장되도록 오차 없는 설계를 위해 밤늦게까지 열심을 냈다.

보험은 철저히 신용이라는 확신이 있었기 때문에 신용을 지키는 것은 나 자신과의 약속이고 고객과의 약속이라는 생각으로 단 한 건도 허술하게 처리하지 않았다. 항목마다 철두철미하게 점검하여 빠진 것이나 불리한 것이 없는지 일일이 확인하고 관리하는 일에 최선을 다했다. 그런데 그렇게 철두철미하게 일을 처리하는 것이 좋은 평가로 이어져 입소문이 나면서 고객들이 또 다른 고객을 소개하고 연결해 주는 일이 점점 많아졌다.

이런 신용이 관계를 만들고 관계가 실적으로 이어져 어느 날부터는 영업소 전체 실적보다 개인의 실적이 웃돌기 시작하면서 급기야는 전국 판매왕 1위를 차지하게 되었다. 그리고 그때부터는 이곳저곳에서 스카우트 제의가 들어왔고 서울에서 제주도까지 전국 방방곡곡에서 성공사례를 발표해 달라는 강의 요청이 쇄도하기 시작했다. 한동안은 강의 스케줄이 너무 많아 바쁜 시간을 보냈다.

나중에는 회사와 소비자 양쪽 모두에게 만족할 수 있는 최상의 보험 조건이 무엇인지를 연구하고 구상하여 색다른 보험설계를 선보이게 되었는데 설계한 상품을 특판으로 내놓자마자 전국적으로 선풍적인 인기를 끌었다. 그러자 이제는 내가 먼저 찾아가지 않았던 지인이나 친인척들까지도 입소문을 듣고 찾아오기 시작했다. 보험 사업 초기에 지인이나 친인척들을 의지하지 않고 생면부지의 사람들에게 찾아가 성공 기반을 다진 결과, 모든 사람 앞에서 떳떳한 오늘을 맞이할 수 있었다는 생각에 가슴이 벅찬 순간이었다.

그렇게 많은 사람이 나의 고객이 되어 준 덕분에 나는 매일매일 승승장구하여 날마다 전국 판매 기록을 경신하는 기염을 토했다. 한결같은 신뢰와 성실함이 뒷받침되었기에 가능한 일이었다.

결국 5년 연속 '전국 판매왕 5관왕'이라는 영예를 안았고 보험의 전설적인 인물로 이름을 올렸다.

## 0에서 시작해서 100이 된 결혼

아는 선배가 커피 한 잔 하자고 해서 나갔더니 한눈에 보아도 꽤 호감 가는 여성이 함께 앉아 있었다. 누군가를 소개해 준다고 해도 아직 준비가 안 됐다고 몇 번이나 고사했던 내게 아마 그날은 반강제로 소개팅을 해 주기로 작정한 모양이었다.

나는 상대가 꽤 마음에 들었지만 마주 앉아 말하면서도 내심 걱정이 앞섰다. 고작 20만 원짜리 월세에 여동생과 함께 살고 있던 때였고 결혼을 생각할 여유가 전혀 없었기 때문이다. 그 후 몇 번 더 만나면서 좋은 사람이라는 확신이 들었으나 나의 형편 때문에 선뜻 결혼하자고 말할 용기가 나지 않았다.

그렇게 시간을 끌던 어느 날 장인어른이 나를 만나자고 해서 갔더니 단도직입적으로 물으셨다.

"내 딸이 싫은가? 아니면 여건이 안 되는가?"

나의 솔직함이 요구되는 순간이었다. 가감 없는 솔직함으로 예의 바르게 대답했더니 이렇게 말씀하셨다.

"자네는 눈동자가 살아 있구만. 내 딸을 주고 싶네."

나는 그렇게 승낙을 받고 약간의 돈을 빌려서 결혼을 하게 됐다. 처음 얼마 동안은 장인 장모님을 모시고 다 같이 살기로 했는데 믿음이 좋고 성품이 좋은 아내 덕분에 양쪽 집안의 가족들과 친인척들이 모두 화목하게 되었고 믿지 않던 가족들까지 모두 크리스천이 되었다. 그 후 우리는 무엇을 해도 하나님이 함께 하시는 것을 체험하기 시작했다.

제주도로 가족 여행을 떠났을 때의 일이다.

바닷가 모래사장에 형형색색으로 펼쳐진 파라솔 밑에서 가족들이 함께 모여 수영도 하고 먹기도 하면서 휴가를 즐겼는데 종일 놀다가 저녁 10시쯤 숙소로 들어가 짐을 정리하는데 기절할 일이 생겼다. 결혼 기념으로 어렵게 마련했던 작은 다이아몬드 반지가 없어진 것이다. 그게 어떻게 마련한 반지인데 기가 막힐 노릇이었다.

아내는 하나님이 찾게 해 주실 것이라며 오히려 나를 위로했다. 이미 해변은 칠흑 같은 어둠이 찾아와 있었고 아무것도 보이지 않았다. 이른 아침에 나가서 찾아볼 수밖에 없어서 간절히 기도한 후 잠을 청했다.

다음날 이른 새벽, 동틀 무렵에 일어나 바닷가로 나갔다. 우리가 앉았던 자리를 기억하면 되니까 어쩌면 찾을 수도 있을 것이라는 작은 희망이 있었지만, 막상 나가 보니 드넓은 모래사장에 망망대해뿐이었고 파라솔을 다 철수한 상태여서 우리가 앉았던 자리조차 구분이 되지 않았다. 수십만 인파가 몰려와서 밟았던 발자국만 가득한 모래사장을 보자니 한숨이 저절로 나왔다. 그런데 막막하던 그때 머릿속에 성경 말씀 한 구절이 떠올랐다.

"너는 눈을 들어 너 있는 곳에서 북쪽과 남쪽 그리고 동쪽을 바라보라. 보이는 땅을 내가 너와 네 자손에게 주리니…." 어디 한번 해 보자는 생각이 들었다. 말씀에 의지하면서 기억을 더듬어 우리가 앉아 있었을 것 같은 위치를 잡아 2m에 10m짜리 사각형을 그려 놓고 사각형 안을 찾아보기로 했다. 막막하지만 믿음으로 해 보자는 생각으로 수천 명의 발자국이 찍혀 있는 울퉁불퉁한 모래사장을 천천히 헤집기 시작했다.

온 가족이 다 같이 열심히 파헤쳐 가고 있는데 대략 2미터쯤 갔을 때였다. 모래를 뒤집는데 무언가 반짝하더니 반지가 톡 튀어나왔다. 눈으로 보고도 믿기지 않는 기적 같은 일이었다. 당장 온 가족이 모래사장에 꿇어앉아 손잡고 감사기도를 드렸다.

무릎 꿇은 나의 마음속에 주님께서 조용히 말씀하셨다.

"네가 오늘 반지를 찾게 해 달라고 내게 간절히 기도했던 것을 내가 안다. 네가 어떠한 환경 속에 처할지라도 도저히 해결하지 못할 것 같은 상황에서도 오늘처럼 나를 의지하고 내게 무릎 꿇기만 하면 내가 네게 응답하리라."

너무나 따뜻한 주님의 음성을 온몸으로 느끼는 순간이었다. 나도 모르게 참을 수 없는 감사와 감격의 눈물이 쉴 새 없이 흘렀다. 나와 우리 가족 안에 살아계신 하나님이 계신다는 사실을 파도 소리가 말해 주는 것만 같았고 바람도 우리에게 주님의 음성을 전해 주는 것만 같았다.

 이 일로 우리 가족들은 기도의 위력을 체험하게 되면서 다이아몬드 반지 한 개를 찾은 것 그 이상의 믿음을 선물로 받았다.

## 작은 씨앗 한 개의 기적

여자에게 아내라는 이름과 엄마라는 이름이 붙는 순간부터 무쇠처럼 강해지는 그 무엇인가가 있다는 것에 대해 종종 생각한다. 한 사람의 영향력이 얼마나 위대한지 보여주는 기적 같은 이야기를 아내에게서 듣는다.

\*\*\*

생각해 보면 굽이굽이 그 어느 것 하나 하나님 은혜가 아닌 것이 없는 길을 걸어왔다. 우리 집에 심겨진 작은 밀알이 얼마나 큰 열매를 맺고 변화를 가져왔는지 헤아려 보면 볼수록 신기하고 놀라운 일이다.

불교와 미신에 심취해 있었던 나의 어머니는 많은 시간 동안 아버지와 부부싸움을 했고 나는 귀를 막고 귀퉁이에 앉아 그 지긋지긋한

싸움을 보면서 청소년기를 보낸 탓에 마음속에 무언가 알 수 없는 갈증과 갈망이 끊임없이 밀려왔다.

  내가 크면 클수록, 세상을 알면 알수록 세상을 잘 살아간다는 것이 더 어렵게만 느껴졌고 내 안에 있는 갈등의 고리가 엮이고 엮여서 온갖 고뇌로 얼룩진 20대를 보내야 했다. 집안은 무엇 하나 편한 것이 없었고 설상가상으로 남동생은 사귀던 여자 친구의 오빠들과 싸움이 나서 소송까지 걸려 있었기 때문에 집안 분위기는 더욱 무거워졌다. 그리고 나는 20대의 마지막이 될 29세가 되었지만, 마음은 언제나 불안하고 불편해서 이런 내가 한 남자의 좋은 아내가 되고 한 가정의 훌륭한 엄마가 될 수 있을까에 대해 항상 의문투성이였다.

  이렇게 가족 모두가 힘든 시기를 보내고 있을 무렵, 아래층에 살던 간호사 언니가 있었는데 우리 집에 종종 놀러 와서 복음을 전했다. 시아버지는 노량진 교회의 목사님이라고 했다. 그런데 희한하게도 그 언니만 놀러 오면 나의 마음이 편해졌고 나를 웃게 해 주는 유일한 출구 같았다. 그래서 그 언니가 우리 집에 놀러 오는 것이 항상 반가웠다. 그러던 어느 날, 그 언니가 아예 그 시아버지 목사님을 모시고 우리 집에 놀러 왔다.

  나는 강한 엄마 성격 때문에 큰일이 났다고 생각했는데 눈앞에서 보고도 믿기지 않는 일이 일어났다. 그토록 성격 강한 엄마가 그 인자한 목사님을 보시더니 갑자기 눈물을 글썽이기 시작한 것이다. 알고 보니 고향도 같은 이북이었고 말이 잘 통했다. 나중에 안 일이지만 엄마는 그때 혹독한 시련을 겪고 있던 때였는데 인자한 목사님 얼굴을 보는 순간 자신도 모르게 눈물이 나면서 마음이 편안해졌다고 한다.

얼마 후 우리는 이사를 했고 그 언니를 만나지 못했지만, 그 언니가 전해준 따뜻한 이야기들이 마음에 남아 있어서 교회에 대한 좋은 이미지를 갖게 되었다. 이사 간 집에서 엄마는 언제나 그랬듯이 미신 섬기는 일을 계속했는데 어찌 된 일인지 몸이 여기저기 아프기 시작했고 아버지 사업도 가라앉기 시작했다.

그러던 어느 날, 누가 문을 두드려서 나갔더니 복음 실은 신문이라면서 여의도순복음교회에 나오라는 권유와 함께 누군가 신문을 건네고 갔다. 그런데 이상하게도 그 신문이 싫지 않았다.

1986년 1월 첫 주일, 눈이 내리던 날이었는데 문득 그때 받았던 신문이 기억나면서 예전에 아래층 간호사 언니에게 들었던 교회 얘기가 생각나서 교회에 한번 가보고 싶다는 생각이 들었다. 그래서 아는 사람도 없는 교회에 무작정 찾아갔다. 성전에 들어서자 어마어마하게 많은 사람이 어깨가 닿을 정도로 빼곡히 앉아서 찬송가를 부르고 있었다.

"죄짐을 지고서 곤하거든 네 맘속에 주 영접하며…."

앉자마자 이상하게 눈물이 났다. 어떻게 그럴 수가 있는지 이상하다는 생각이 들어서 그다음 주부터 엄마 몰래 교회에 가기 시작했다. 그런데 교회에 가면 갈수록 우리 집안은 교회 안 다니면 정말 큰일

날 것 같다는 생각이 들기 시작했다.

어느 날에는 교회에서 우리 집에 심방을 오게 되었는데 엄마가 노발대발 한바탕 난리가 났다. 그러더니 엄마의 감시가 심해져서 다음 주일부터는 교회에 못 가게 했고 몰래 교회에 다녀오면 성경책을 찢거나 신발이 이리저리 날아다녔다. 그러나 나는 그런 핍박에도 불구하고 교회에 다녀오면 불안하던 마음이 평안해지고 기쁨이 넘쳤기 때문에 계속 교회에 다녔다. 그러자 결국은 엄마가 포기했다.

"그래 네 마음대로 해라."

그날부터 나는 더 날개를 달았다. 그리고 신학대학에 가서 하나님에 대해 더 알고 싶은 마음까지 생겼다. 그래서 신학대학 기도와 결혼 기도를 같이 하게 되었는데 어느 날 금요 철야에서 목사님이 이런 말씀을 선포하셨다.

"이 중에서 결혼 기도하는 자매가 있는데 결혼의 문이 열립니다."

나는 그 자리에서 벌떡 일어나 누구보다 큰 소리로 "아멘"을 외쳤다. 그 후 며칠이 지나자 아버지가 불렀다.

"넌 예수쟁이가 되어서 도저히 못 말리겠다. 너 때문에 집안이 안 되는 것 같으니 이제 시집을 가거라. 능력 있는 보험회사 대리점 총각 사장이 있는데 거기도 예수 믿는다더라."

아버지는 곧 약속을 잡았고 나가 보니 인상이 아주 좋은 청년이 앉아 있었는데 처음 보는 순간, 내 짝이라는 확신이 들었다. 그리고 그해 겨울 결혼했다.

그런데 결혼하면서 많은 기적이 일어나기 시작했다.

우리 가문 최초로 부모님이 교회에 다니기 시작했고 남동생은 아이 다섯 명의 아빠로서 목사가 되었으며 미국 LA에서 사업을 하는 막내 남동생은 목사님의 따님과 결혼하여 장로 장립을 앞두고 있다. 그리고 시부모님의 형제들은 목사인 남동생을 통해 믿음의 가족이 되었다. 우리 집에 뿌려졌던 작은 밀알과도 같은 복음의 씨앗이 자라서 우리 가문 전체가 열매 맺게 되었고 믿음의 명가가 되고 축복의 명가가 될 수 있었다.

나는 이제 그 아름다운 기적을 되갚아 보려 한다. 나를 살리고 우리 가문 전체를 살렸던 작은 복음의 씨앗을 나도 누군가에게 뿌려서 아름드리 거목으로 자라날 미래를 상상하면서 기회가 있을 때마다 복음의 씨를 뿌리고 있다.

# ♌ 될 때까지 하는 집념과 열정의 CEO

40대 초반이던 어느 날, 시애틀에 있는 골프장에서 난생 처음으로 골프 프로에게 레슨을 받은 적이 있었다. 그때는 사업이 바빠서 골프를 제대로 배운 적이 없었고 크게 흥미를 느낀 것도 아니었으나 사업상 필요한 일이 많아 잠깐이라도 제대로 배워야겠다고 마음먹고 찾아간 것이었다.

프로가 나에게 골프채를 주면서 한번 쳐 보라고 해서 쳤더니 대뜸 내게 이런 말을 했다.

"세상에 못 쳐도 그렇게 못 칠 수가 있나요? 앞에서 치고 있는 저 여성을 좀 보세요."

앞을 보니 어떤 아주머니가 치고 있었다. 그런데 나는 그 말을 듣는 순간 어찌나 자존심이 상하던지 그다음 날부터는 매일 골프장에 가서 하루에 천 개씩 공 치는 연습을 했다.

골프장에서 나를 레슨했던 프로는 하루에 공을 천 개씩 치는 것을 보면서 나 같은 사람은 처음 본다면서 고개를 저을 정도로 기가 막혀

했다. 그러나 그것이 내게는 전혀 특별하지 않은 예삿일이었다. 무슨 일이든 한 번 한다면 하고야 마는 끈질긴 집념으로 살아온 나로서는 그렇게 맹연습을 통해 이뤄내는 것이 보통의 일상이고 내가 사는 삶의 방식이었다. 나중에는 공을 너무 많이 쳐서 손에 굳은살이 잡힐 정도였지만 그건 곧 될 때까지 한다는 나의 의지와 집념을 뒷받침해 주는 증표이기도 했다.

그런 노력 덕분에 순식간에 실력이 일취월장한 나는 시애틀에 방문할 때마다 골프장 안의 사람들 사이에서 화두로 떠올랐고 여러 사람이 나를 보면서 놀라워했다. 그러던 어느 날, 시애틀의 꽤 유명한 골프 프로가 내게 티칭프로 라이선스를 따 보라는 권유를 했다. 그래서 도전을 해 보기로 하고 열심히 연습한 끝에 불과 몇 개월 만에 골프 티칭 프로 라이선스를 획득했다.

골프장에서 나를 지켜보던 프로들은 물론이고 내 주변 모든 사람이 또 한 번 놀라워하며 나를 골프 천재라고 불렀다. 그리고 내게 라이선스를 도전해 보라고 권유했던 사람들조차도 그렇게 단시간에 해낼 줄 몰랐다면서 놀라워했다.

분명한 것은 내가 그다지 골프를 좋아한 것도 아니었고 타고났을 만큼 잘 치는 것은 더더욱 아니었지만 "그렇게 못 칠 수가 있느냐."라는 프로의 한 마디에 뭉개진 자존심을 되찾겠다는 생각과 낯선 미국에서 내가 어느 정도 할 수 있는 사람인지 나 자신을 테스트하고 싶은 마음이 있었기 때문에 라이선스 도전에 출사표를 던진 것이었다.

그런데 티칭프로 라이선스는 내게 많은 것을 가져다주었다. 라이선스를 받아든 순간 무엇이든지 할 수 있겠다는 자신감과 함께 나의 의지와 집념도 합격점을 받았다는 확신이 생겼다. 티칭프로 라이선스는 내가 무엇이든 할 수 있는 꽤 괜찮은 사람이라는 자부심을 갖게 했고 자존감을 끌어올리는 백 점짜리 성적표와도 같았다.

그리고 프로가 되고 보니 미국의 모든 골프장을 무료로 이용할 수 있는 특권이 생겼다. 이런 귀한 특권은 순전히 나의 의지와 땀의 결실로 얻어낸 값진 결과인 만큼 선한 영향력을 끼치는 일에 사용하겠다고 마음먹었다.

미국 골프장에서는 은퇴 이후 노부부가 함께 골프 치는 모습을 흔히 볼 수 있는데 한국에서도 그와 같은 사람들이 있다면 건강하고 아름다운 노후를 위해 틈나는 대로 가르쳐 주면서 선한 영향력을 끼쳐 볼 생각이다.

라이선스 획득 이후 무슨 일이든 목숨을 걸 만큼 열심을 내면 안 되는 일이 없겠다고 생각하게 되었다. 될 때까지 하는 것이 나의 근성이지만 라이선스는 나의 근성에 도화선이 되었고 무슨 일을 하든지 반드시 성공할 수 있을 거라는 자신감을 심어 주었다.

일만 시간의 법칙처럼 무슨 일이든 자기 분야에서 일만 시간을 채우면 전문가 대열에 합류할 수 있듯이 한 분야에서 될 때까지 집념과 열정을 쏟아부으면 목표는 반드시 이루어질 수밖에 없다.

사람들이 나를 '집념과 열정의 CEO'라고 부르는 이유다.

## 3.
## 열매 맺다

## 내가 하고 싶은 일을 할 때가 가장 행복하다

친구 같은 아내는 평생 나의 파트너이자 동반자다. 내가 세상 앞에서 절망의 무릎을 꿇었을 때도 아내는 언제나 든든한 버팀목이 되어 나를 쉬게 해 주고 말없이 기다려 주는, 아낌없이 주는 큰 나무와도 같은 존재였다. 쓴소리 대신 조용히 손을 내미는 따뜻함이었다. 원장으로서 든든한 사업 파트너가 되어 주고 있는 아내에게서 두 번째 이야기를 듣는다.

\*\*\*

기러기 생활 12년이 되던 해, 이제는 한국에 와서 사업을 도와달라는 남편의 말에 어렵게 미국 생활을 정리하고 아이들과 함께 한국행 비행기에 올랐다.

그런데 막상 한국에 와 보니 기가 막힌 상황이 펼쳐져 있었다. 그토록 잘나가던 남편의 사업은 온데간데없고 빚 독촉에 시달리고 있는 남편은 코너에 몰린 상태로 절망의 나락에 떨어져 있었다. 그동안 아무 말 없이 언제나 똑같이 학비와 생활비를 보내와서 우리 가족들은 전혀 알지 못했다.

그런 현실 앞에서 가족 모두 차마 다른 말을 꺼내지 못하고 그저 미안하다는 말만 되풀이하면서 몇 날 며칠을 남편 몰래 눈물을 닦아내곤 했다. 빚 청산을 위해 아파트도 헐값에 팔고 작은 오피스텔에서 살았다. 고난을 통과하지 않으면 여명이 오지 않는다고 했으니 기꺼이 통과해야 할 고난이라면 온 가족이 여명을 기대하면서 잘 이겨내야 할 상황이었다.

그러는 사이 아들은 어느새 입대할 나이가 되었고 한국 군대에 가기를 권유했더니 기꺼이 시민권을 포기하고 한국 군대를 택해 주었다. 아이들이 외국 생활을 하면서 비록 외롭고 힘들었어도 교회에 열심히 다니더니 어느새 믿음이 많이 자라 있었다.

우리 가족은 이제 모든 것을 다시 시작하는 스타트 라인에 섰다.

남편은 모든 사업을 접은 후 기도하면서 받은 결혼 컨설팅 비전을 실현하기 위해 목사님을 모시고 혼자 예배를 드리며 집에서 사업을 시작했는데, 그러다 보니 외부에 알려지지 않고 광고도 못 해서 가깝게 지내는 사람 몇몇 외에는 아는 사람이 없었다. 그래서 단 한 명도 찾아오지 않는 날이 허다했다.

창밖을 내다보면 어디론가 바쁘게 걸어가는 사람들의 모습이 좋아

보이고 부럽기까지 했다. 그러나 견디고 견디다 보면 사람들이 찾아올 것이라는 희망을 걸고 버텼다. 그랬더니 어느 날 아침, 운외창천(雲外蒼天)이라는 말처럼 먹구름 너머에 푸른 하늘이 보이기 시작했다.

여의도순복음교회의 '순복음가족신문'에 소개된 것을 본 CTS와 CBS 방송국에서 출연 제의를 하여 인터뷰를 하게 되었는데 그날부터 그레이스메리지컨설팅이 전국에 알려지기 시작했고 기업의 위상도 달라지기 시작했다.

미국 사회에서 가정이 깨지는 것을 자주 보았던 나는 그런 견문이 약이 되어 결혼을 통해 가정을 제대로 세우는 것이야말로 그 무엇과도 견줄 수 없을 만큼 가치 있는 일이라는 확신이 있었고 그만큼 열심을 낼 수 있어서 점점 더 일이 재미있어졌다. 그리고 회원 수가 기하급수적으로 늘어나기 시작하면서 그야말로 '행복한 바쁨'이 계속되었다. 원장으로 일하고 있는 나는 결혼하는 청년들을 지켜보는 것이 큰 기쁨이 되었고, 그러다 보니 날마다 출근이 행복하고 퇴근이 행복한 어떤 순간이 찾아왔다.

"나는 사람이 자기 일에 즐거워하는 것보다 더 나은 것이 없음을 보았나니 이는 그것이 그의 몫이기 때문이라." - 성경 전도서

나는 지금 매일 아침이 기대되고 다시 한번 기회를 주신 하나님께 감사기도를 드리는 시간이 점점 길어지고 있다.

미국에서 신학 공부할 때는 몰랐는데 결혼 컨설팅을 하는 것이 나의 적성에 딱 맞았고 나도 몰랐던 특별한 달란트가 내게 있었다는 것

도 알게 되었다.

평소에는 나의 기억력이 그다지 좋은 편은 아니라고 생각했는데 희한하게도 컨설팅만은 달랐다. 내가 수백 명을 인터뷰하고 매칭한 후에 시간이 많이 지나도 그들의 이름과 얼굴과 상황들을 또렷이 기억할 수 있었다. 그래서 고객들은 어느 날 불쑥 찾아와도 잊지 않고 알아봐 주는 것에 감동하고 고마워한다.

남편인 조 대표는 내가 미국에서 전공했던 신학을 오히려 컨설턴트로 잘 활용하는 모습을 보면서 12년을 기러기 생활을 했는데 이제야 24시간 같은 꿈을 꾸고 같은 일을 하면서 보상을 받는 느낌이라고 말한다. 나 역시 동의한다. 그리고 믿음 좋고 신뢰할 만한 친구 같은 동역자와 평생 함께한다는 것이 축복이고 자랑이다.

나는 날마다 서로에게 자랑이 될 만한 누군가의 동역자를 찾아주기 위해 분주하다. 우리 회사를 통해 평생소원이던 자녀의 결혼을 확정하고 환하게 웃으면서 가는 부모님들의 뒷모습에서 항상 천국이 느껴진다.

그러나 어려움의 고비도 적잖이 있었다. 고비가 있을 때마다 그 고비를 통해 인생과 사회를 겸허히 다시 배우곤 한다.

어느 날 3천 원짜리 김치찌개를 즐겨 먹는다는 미국 선교사와 단돈 500원이 없는 청년의 이야기를 들은 적이 있는데 그때부터 내가 돈을 버는 목적이 무엇인지 분명해져서 이렇게 기도하고 있다.

"선교하는 거부가 되게 해주세요."

이 땅의 모든 청년이 행복해질 때까지 나는 변함없이 이 길을 갈 것이고 나의 외길이 누군가에게 행복이 되는 삶이어서 좋다. 선한 목적은 항상 사람을 행복하게 한다.

## 한겨울 시멘트 바닥의 무릎 기도

생각해 보니 사업적으로 바쁘고 사는 것이 버거워 하나님을 잊고 살았던 시간 동안 내가 걸었던 길은 비포장 거친 자갈과 가시밭길 같은 곳이었다.

때때로 끝 간 데 없이 메마른 광야를 지나기도 했고 발이 빠지지 않는 수렁도 통과해야 했으며 더는 갈 곳이 없는 낭떠러지에 서 보기도 했고, 언제 깨질지 모르는 살얼음판 위를 걷기도 했다. 그러나 지금 와 생각하니 이러한 역경들이 삶을 더욱 단단히 지탱할 수 있는 버팀목이 되었다.

하나님을 다시 찾은 시간부터는 내가 움켜쥐고 있던 고뇌의 덩어리들이 풀어지기 시작했고 마치 안개 속을 걷는 듯한 막막함도 방향을 잡아가기 시작했으며 절망적이던 길이 비로소 희망의 빛으로 바뀌기 시작했다.

돌아보니 모든 것의 핵심은 무릎 꿇는 기도에 있었다. 하나님 손에 모든 것이 있었고 모든 것이 다 가능했다. 하나님 손을 움직이는 것이 가장 빠른 것을 너무 많은 시간 동안 시행착오를 겪으면서 돌고 돌아서 하나님 앞에 다시 무릎을 꿇었다.

기도 없이 내 맘대로 살다가 바닥까지 추락한 삶을 다시 끌어올릴 수 있는 유일한 열쇠는 분명 기도였다. 답을 찾았으니 이제는 새로운 용단을 내려야 할 차례였다.

가장 먼저 목표로 삼은 것은 새벽기도였다. 하루의 시작을 반드시 새벽기도부터 시작하겠다는 결연한 의지를 다지고 새벽 3시에 알람을 울려 일어나기 시작했다. 그런데 매일 일정한 시간에 일어나다 보니 얼마 지나지 않아 새벽 기상이 습관이 되어 굳이 알람을 울리지 않아도 몸이 자동으로 반응해서 일어나졌다. 새벽기도는 새벽 5시에 시작하지만 나는 새벽 4시가 되기도 전에 성전에 도착했다.

여의도의 새벽은 한강 바람 때문에 유난히 추웠지만 그런 추위쯤이야 지난 시간을 생각하면 얼마든지 참을 수 있었다. 이른 새벽, 성전 앞마당에 도착해 십자가 탑 밑의 차가운 시멘트 바닥에 무릎을 꿇으면 칼바람 속 뼈를 깎는 추위가 온몸을 엄습해 온다. 그러나 그 정도 고통으로라도 주님을 잊고 살았던 지난 시간의 어리석음을 용서받고 싶은 마음이 간절했다.

아무도 없는 새벽, 강추위 속에서 한 시간 이상 몸부림치며 간절한 기도를 드리고 나면 입도 얼고 손발도 얼어서 제대로 일어나기 힘들 정도로 몸이 차가워지지만 그래도 마음은 항상 후련하고 무언가 주님 앞에 한 발짝 더 다가간 느낌이어서 금세 따뜻해졌다.

한때는 세상 부러울 것 없을 정도로 부와 명예를 다 가지고 살았지만 반짝이던 모든 것들이 물거품처럼 사라지고 빈손이 되고 나서야 비로소 하나님 없이는 살 수 없는 세상임을 온몸으로 깨달았다.

지독히도 추웠던 한겨울의 시멘트 바닥 기도를 해가 바뀌도록 계속했고 어느새 푸릇푸릇 새싹이 돋는 봄날이 왔다. 그즈음 어느 새벽, 주님은 마치 따사로운 봄 햇살처럼 나를 만나 주셨다.

"하나님이 그들에게 복을 주시며 하나님이 그들에게 이르시되 생육하고 번성하여 땅에 충만하라, 땅을 정복하라, 바다의 물고기와 하늘의 새와 땅에 움직이는 모든 생물을 다스리라." - 성경 창세기

새벽기도 중에 분명하고 또렷하게 내게 주신 말씀이다. 음성이 크지도 않고 나지막한데 그 위엄은 온 우주를 울릴 만큼 거대한 느낌이었다. 내가 깨닫지 못할까 봐 '레마'라고 써 주셨다. 그리고는 환상 중에 말씀하셨다.

"무너진 교회를 회복하라. 내가 네게 복을 주리라. 내가 평생 책임질 테니 이 사역을 하라." 살아오는 동안 가장 밑바닥에 있을 때 칼바람 강추위와 싸우며 낙타 무릎이 되도록 열심히 기도했더니 하나님께서 새 길을 여시고 새 비전을 주시는 게 분명했다. 말씀을 받는 순간, 너무 놀라서 두렵고 떨림으로 한참 동안이나 움직이지 못하고 무릎 꿇은 그대로 앉아 있었다. 주님 주신 말씀에 대한 기대감 때문에 가슴이 벅차올랐다. 살면서 잊지 못할 가장 특별한 순간이었다.

그다음 날 새벽부터는 기도 제목이 바뀌어서 하나님이 내게 무엇을 하기를 원하시는지 구체적으로 기도하기 시작했다. 생육하고 번성하게 하는 것이 무엇인지, 무너진 교회를 회복하는 것이 무엇인지 진지하게 고민하면서 열심히 기도하던 어느 날, 평소 가깝게 지내던 목사님께 기도 제목을 말씀드렸더니 목사님이 이렇게 말씀하셨다.

"한국 교회의 심각한 문제 중 하나가 결혼인데 이것을 앞장서 해결하라는 것 같습니다. 함께 기도해 보시지요."

그날 이후 기도하면서 하나님께서 말씀하신 새 일이 무엇인지 명확하게 알게 되었다. 생육하고 번성하는 것은 결혼을 통해 가능한 일이고 무너진 교회를 회복하는 것도 결혼을 통해 가능한 일이었다. 결혼을 안 하겠다는 비혼주의 청년들이 늘면서 점점 비어 가는 교회를 회복하려면 많은 청년이 결혼해서 생육하고 번성해야 했기 때문이다.

하나님이 내게 원하시는 것은 많은 사람을 결혼시키는 것인데 내겐 너무 생소한 일이고 어려운 일이었다. 그러나 이 일을 하게 하시려고 오랫동안 몸담았던 보험 사업을 내려놓게 하신 것이고 새로운 사업의 문을 열어 주신 것이라는 확신이 들었다.

나를 철저하게 내려놓고 하나님이 주신 새 길을 가기로 했다. 결혼 분야는 문외한이었지만 하나님께서 그 길을 지도하실 거라는 확신과 믿음으로 큰 그림을 그리기 시작했다.

## 그레이스메리지컨설팅, 정상에 서다

대다수의 신생 기업들이 그렇듯 어떤 일을 새로 시작할 때 완벽한 환경과 여건을 갖추고 시작하지는 않는다. 우리 회사도 그랬다. 나 홀로 회사 설립을 위한 예배를 드린 것이 첫 시작이다.

추운 겨울, 시멘트 바닥에서 기도하면서 받은 말씀 하나만 붙잡고 단 한 번도 다른 사람의 결혼을 주선해 본 적이 없었던 결혼 컨설팅을 한다는 것이 이상하리만큼 생소하고 막막했지만 어려움을 겪었던 것도 이 길을 가기 위한 예비된 고난이었다는 확신으로 시작했다.

나와 동갑내기인 대다수 사람은 은퇴를 앞둔 시점이었지만 오히려 나는 역주행을 시작했다. 주변에서는 내게 중매를 잘하면 술이 석 잔이요 잘못하면 뺨이 석 대라는 말을 하면서 우려 섞인 걱정들을 했고 나 자신도 이 일이 나의 본업이 될 줄은 몰랐기 때문에 경험이 전무한 상태로 시작할 수밖에 없었다.

57세에 스타트업 도전이라니 믿기지 않는 현실이었지만 한 가지 분명한 것은 결혼 컨설팅은 하나님께서 정확하게 콕 집어 지목해 주신 비전이라는 사실이었다. 목적이 있는 경주는 완주할 수 있는 법이니 스타트 라인에서 호흡을 가다듬고 마라톤 레이스로 천천히 끈질기게 달리는 수밖에 없었다.

특히 결혼 컨설팅 업계의 후발 주자였기 때문에 무엇보다 동종 업계와의 차별화가 필요했다. 그래서 기도 가운데 받은 비전이므로 주 고객층을 크리스천으로 정하고 비용을 현저히 낮췄다. 그리고 동종 업계에서 공공연하게 존재하는 횟수 제한도 과감하게 없앴다.

한 번 찾아온 고객은 영원한 고객이라는 생각으로 한번 등록한 고객이 결혼에 성공할 때까지 다양한 만남의 기회를 더 많이 제공하고 인물과 스펙만을 최우선으로 하지 않고 개인 성향과 성품, 가치관이나 인생관 등 내면의 품격까지 고려하여 꼼꼼하고 철저한 검증을 통해 최상의 맞춤을 지향했다.

그레이스만의 색깔을 만들기 위해 시스템 구축에 많은 시간을 들여 설계를 거듭했고 보다 완벽한 매칭을 위한 3차 검증 시스템을 도입하여 학력이나 직장 등의 기본 데이터 외에 핵심적인 3개 덕목을 추가로 검증하기 위한 데이터베이스 구축에 집중했다.

성품, 신앙, 가정에 관한 3단계 검증 시스템 구축은 상당히 흥미로운 일이었고 실제로 매칭 성공률과 만족도가 매우 높게 나타났다.

1차 검증은 결혼 대상자와 대면 미팅을 갖고 가정 속의 성장 과정을 통해 나타나는 가정교육, 성향, 자존감, 도덕성, 자신감, 영향력 등을 토대로 검증 데이터를 만든다.

2차 검증은 매칭 담당 매니저가 1 대 1로 1차 검증 데이터를 보면서 진행 과정에서의 성격, 신앙, 사회성, 성품, 비전, 가능성, 능력, 취미, 특기 등의 데이터를 수집하고 이상형을 분석한다.

3차 검증은 실제 만남을 통한 피드백으로 데이터를 작성한다. 만남에서의 매너, 인사, 생각, 리더십, 장단점 등에 관해 상대방의 의견을 취합하여 종합적인 내용을 데이터화한다.

이런 데이터를 통해 회사를 찾는 한 사람 한 사람이 더 폭넓은 선택을 할 수 있는 장을 마련하고 다양한 사람들과의 접점을 만드는 일에 매진하면서 우리의 성실함이 누군가의 인생을 결정한다는 신념과 책임감을 숙지하고 있다.

지나치다 싶을 만큼 꼼꼼하게 검증하고 고민하고 데이터를 통한 가상의 만남을 토의하고 검토하고 리허설하고 분석하고 매칭하는 일에 많은 시간과 노력을 투자했다. 그렇게 소신을 굽히지 않고 고집스럽게 우리만의 길을 개척한 결과, 우리가 투자한 시간과 노력은 우리가 흘린 땀만큼이나 정직한 대가로 다가오기 시작했다.

진광불휘(眞光不輝)라고 했다. 진짜 빛은 번쩍이지 않는다는 말처럼 조금 느리더라도 제대로 바르게 가겠다는 생각을 기업 이념으로 삼은 우리의 차별화는 적중했고 사람에게서 사람으로 점차 입소문이 나기 시작하더니 순식간에 고객층이 두꺼워지기 시작했다.

창립 10개월쯤 되었을 때, 언론에서 관심을 보이기 시작하더니 조금 더 지난 2년 차에는 TV 출연 요청이 쇄도했다. 그러면서 기하급수적으로 언론 인터뷰가 늘어났는데 아마 20차례 이상 인터뷰를 하거나 TV에 소개되었던 것 같다.

마치 구전 동화처럼 입에서 입으로 순수 입소문에 의해 유명세를 치르기 시작하면서 방송에 소개된 후에는 그야말로 일순간에 국내는 물론 해외까지 뻗어나가는 브랜드 폭발로 이어졌다.

순식간에 그레이스메리지컨설팅이라는 이름이 알려졌고 다양한 단체와 기업에서 MOU 체결을 제의해 왔다. 때맞춰 국내외 지사 설립도 활발히 이어져 창립 12년 만에 누적 회원 수 1만 명을 보유하고 4천 명을 결혼시키는 가장 큰 기독교 결혼 컨설팅 기업으로 등극했다.

그렇게 성장을 거듭한 결과 국내 지사 18곳, 해외 지사 4곳으로 확장했고 한국과 해외 지사를 넘나들며 폭넓은 네트워크로 다양한 청년들이 미팅을 하고 있다.

우리는 지금까지 그래왔듯 "천재는 무엇보다 고생을 아끼지 않는 비상한 능력이다"라는 말처럼 이 땅의 고뇌하는 청춘들이 생육하고 번성하여 이 땅에 편만해지기까지 손을 잡아 주고 등을 밀어주는 천재 견인차로 존재할 것이다.

## 서울대 출신 직원의 고백

그레이스메리지컨설팅으로의 이직은 내 삶에 가장 큰 변화를 가져왔다. 출근이 곧 사명이고 삶이고 직장이라는 사실이 내게는 아침마다 넥타이를 맬 때 가슴을 설레게 하고 발걸음을 당당하게 만드는 에너지가 된다.

살면서 자신에게 가장 가치 있는 일을 발견했을 때 그 가치를 어떻게 실현할 것인가를 결정하고 실행하는 능력에 따라 자기만족이나 행복 수치가 달라진다는 것을 여러 번 체험하게 되는데 나의 경우, 그레이스를 평생직장으로 생각하고 신중한 결정을 내린 것이 탁월한 선택이 됐다.

돌이켜 보면 대학 합격이 전부라는 마음으로 열심히 공부해서 서울대 외교학과에 들어갔지만, 막상 대학 생활을 시작하면서 많은 회의를 느꼈다.

인생이라는 게 참 경쟁이 끝이 없다는 생각이 들었다.

고등학교 때부터 경쟁했는데 대학에 와서도 경쟁이 끝나지 않는 것을 보면서 허무주의에 빠지기도 했고 그야말로 혼란과 고뇌의 1학년을 보냈다. 그리고 2학년 무렵에 예수님을 인격적으로 만나게 되었다.

그때부터 예수님을 내 인생의 주인이라고 생각하면서 친구와 선후배들과 많은 교제를 나누게 되었고 때때로 심층 토론을 하면서 어떻게 살아야 잘 사는 것인지를 많이 고민했다. 4학년 졸업 시점에는 선교회 간사 일을 하고자 준비하고 있었는데 그 일을 계속하면 어머니가 실망하실 것 같아 외무고시를 준비했다.

한창 고시 공부를 하고 있을 무렵, 아버지의 소천이라는 너무 큰 아픔을 겪게 되었고 어릴 때부터 꿈이었던 외교관의 꿈을 접었다. 사람이 마음으로 자기의 길을 계획할지라도 그의 걸음을 인도하시는 이는 하나님이라는 것을 다시 한번 절감하는 순간이었다.

나름 열심히 하던 고시 준비를 그만두고 바로 E그룹에 입사했다. 그런데 그곳도 역시 경쟁의 연속이었다. 그러나 사회 어느 곳에서도 경쟁이 없는 곳은 없을 것이라는 생각으로 현실과 타협하면서 9년 동안 일하다가 S그룹에 스카우트 되었다. 나를 지켜보던 주변 사람들은 대기업에 다니면서 능력도 인정받고 높은 연봉도 받으니 최고일 것이라고 부러워했지만 정작 나는 격무에 시달리고 경쟁 속에 지쳐 가면서 마음 한구석에는 항상 무언가 채워지지 않는 숙제 같은 것이 남겨져 있었다.

내가 지금 하는 업무의 가치에 대해 늘 자문했고 나의 업무가 내 젊음과 인생을 걸 만큼 가치 있는 일인가를 항상 생각했다. 그러던 어느 날, 우연한 기회에 생각지도 못한 것에서 내 마음속 숙제를 해결하게 되었다.

주일예배를 마치고 차를 타고 가면서 극동방송을 듣고 있는데 크리스천 결혼 컨설팅에 대한 CM송이 매우 인상적이었다.

"믿음 좋고 성품 좋은 교회 오빠는 그레이스메리지컨설팅. 기다림은 노노 찾고 두드려요. 그레이스메리지컨설팅…." 그 노래를 듣다 보니 아직 결혼하지 않은 마흔두 살 누나가 떠올랐다. 누나는 결혼에 대한 마음은 있었지만, 주변에서 남자들을 쉽게 만날 수 있는 환경이 아니다 보니 어머니가 항상 걱정스러워하시며 누나의 결혼을 종종 부탁하곤 하셨다. 그래서 누군가를 만날 때마다 누나에게 소개해 줄 수 있는 사람인지를 즈의 깊게 살펴보고 몇 명을 소개해 주었지만 좋은 결과를 얻지는 못했다.

어느새 누나의 나이가 마흔이 넘다 보니 내가 소개해 주는 것도 한계가 있었고 결혼이 점점 멀어지고 있었다. 그래서 누나를 위해 인상적인 CM송을 만든 컨설팅 회사에 찾아가 대표를 만나보기로 했다.

대표를 만나던 날, 누나에 대해 얘기하다가 누나 이야기뿐만 아니라 회사를 설립하게 된 동기와 배경, 성장해 온 과정들을 듣게 되었는데 회사 설립 목적이 너무 분명하고 견실하다는 생각이 들어 믿음이 갔다. 그날 바로 누나를 회원으로 가입시킨 후 돌아왔다.

집에 돌아오는 길에 회사에 대한 많은 여운이 남았다. 이런 일을 하는 회사들이 돈을 버는 일 그 이상의 진정성을 가지고 열심히 한다면 많은 사람을 행복하게 하고 어마어마한 가치가 부여될 수 있겠다는 생각이 들었다.

그즈음 어느 날 새벽이었다.

나는 항상 새벽기도를 드리고 출근하는데 새벽기도 가는 길목에서 박스 줍는 할머니가 리어커를 끌고 가다가 넘어져서 박스가 큰 길가에 가득 흩어지는 것을 목격했다. 할머니는 넘어져서 아픈 것은 신경도 안 쓰고 얼른 일어나서 박스를 부지런히 치우기 시작했는데 그 모습을 본 순간 내려서 도와드려야 하는지 많이 망설여졌다.

도와주고 가면 새벽기도에 늦게 되는데 시간 지키는 것을 중요하게 생각하는 나는 순간 두 마음이 생겼다. 그러나 그 새벽에 혼자 허둥지둥 박스를 치우고 있는 할머니를 보면서 그냥 지나쳐 가면 마음이 너무 불편할 것 같아 일단 내려서 도왔다. 아마도 10분쯤 걸린 것 같았고 결국 그날 새벽기도는 늦었다. 그러나 그날 박스를 주우면서 크게 깨달은 것 한 가지가 있다.

주님의 마음은 형식과 목표와 시간을 지키는 것보다 할머니의 박스를 주워 주던 그 손길에 있었던 것이다.

나는 그날 이후 삶에 대한 새로운 계획을 세우고 일생일대의 큰 용단을 내렸다. 이상하리만치 마음에 남아 있으면서 특별한 관심을 두게 된 그레이스메리지컨설팅에 다시 찾아가 보기로 했다. 마케팅 전문가였던 내가 그레이스에 합류할 경우, 나의 능력과 노하우로 엄청난 시너지를 축적해 갈 수 있겠다는 확신이 들었고 내가 그토록 고민하고 갈망하던 업무의 가치도 충족할 수 있겠다는 생각이 들어서 내 생각대로 직진해 보기로 했다.

특히 누나의 결혼을 위해 회사가 정말 열심히 일하는 모습을 보면서 회사의 발전 가능성을 보게 되었고 그런 과정에서 누나와 어머니가 행복해하는 모습을 보니 너무 만족스러웠다.

결국 나는 대표와 다시 만나 담판을 지어 이직을 확정했다. 그러나 억대 연봉은 내가 기꺼이 양보해야 할 부분이기도 했다. 갑자기 성경에 나오는 부자 청년 생각이 났다.

"네게 있는 것을 다 팔아 가난한 자들에게 주라 그리하면 하늘에서 보화가 네게 있으리라 그리고 와서 나를 따르라." 단지 연봉 때문에 그토록 오랫동안 일의 가치를 갈망해 왔던 내가 이 회사를 포기하게 된다면 마치 예수님을 포기하는 것과 같은 이율배반이라는 생각이 들었다. 그래서 나는 돈을 내려놓고 정도(定道)를 걸어보기로 했다.

첫 출근 하던 아침, 다시 한번 할머니의 박스를 줍던 그 새벽을 떠올렸다. 비록 새벽기도는 늦었어도 박스를 줍던 손길에 주님 마음이 있었던 것처럼 회사에 가도 이 마음을 잃어버리면 안 된다는 다짐을 거듭했다.

그런데 실제로 일을 하다 보니 놀랍게도 나의 적성이 이 일에 있었음을 발견하게 되었다. 수년 동안 일해 왔던 대기업과 급여 차이는 있어도 성취감은 훨씬 컸고 매일 기쁘게 일하다 보니 하루하루가 가슴 설레는 출퇴근이 되었다.

오늘도 나는 또 다른 누군가의 행복한 미래를 꿈꾸면서 가슴 설레는 상담 전화를 받는다. 신뢰성을 가장 중요하게 생각하는 나는 무엇보다 신뢰할 수 있는 회사라는 것을 알려주고 진정 나와 상담하는 분들 마음에 "크리스천 회사 맞다."라는 확신을 심어주고 싶다.

나는 항상 청년들이나 일반 회원들과 만나면서 그들의 마음이 흡족한가를 고민하는 따뜻한 사람으로 존재할 것이다.

*Grace*
*Marriage*
*Consulting*
*Story*

## 결혼, 패러다임을 바꿔라
결혼의 길을 묻는 청년들에게

저자 | 조병찬
초판발행 | 2022년 12월 16일
발행처 | 국민일보
등록 | 제1995-000005호
주소 | 서울 영등포구 여의공원로 101
전화 | 02-781-9870
홈페이지 | www.kmib.co.kr
디자인 | 영원디자인

ISBN 978-89-7154-357-3 (03230)